Luiz Roberto Salinas Fortes

# O ILUMINISMO
# E OS REIS FILÓSOFOS

CB052136

**editora brasiliense**

Primeira edição, 1981
8ª edição, 1993
4ª reimpressão, 2016

Diretora Editorial: Maria Teresa Lima
Revisão: Clisaura Maria Resende Bernardes
Coordenação de Produção: Laidi Alberti
Diagramação: Formato Editora e Serviços
Ilustrações: Emílio Damiani
Capa: 123 (Antigo 27) Artistas Gráficos

**Dados Internacionais de Catalogação na Publicação (CIP)**
**(Câmara Brasileira do Livro, SP, Brasil)**

---

Fortes, Luiz Roberto Salinas, 1937-1987
  O iluminismo e os reis filósofos / Luiz Roberto Salinas Fortes. – São
Paulo : Brasiliense, 2004. – (Coleção tudo é história; 22)

  3ª reimpr. da 8ª ed. de 1993.
  ISBN 978-85-11-02022-9

  1. Filosofia – História 2. Filosofia moderna - Século 18 3. Iluminismo 4.
Racionalismo I. Título. II. Série

04-1971                                          CDD-149.709033

---

**Índices para catálogo sistemático:**
  1.  Iluminismo : Filosofia : Século 18 : História 149.709033
  2.  Século 18 : Iluminismo : Filosofia : História 149.709033

**editora brasiliense ltda.**
Rua Antônio de Barros, 1720 – Tatuapé
CEP 03401–001 – São Paulo – SP – Fone (11) 3062.2700
E-mail: comercial@editorabrasiliense.com.br
*www.editorabrasiliense.com.br*

# tudo é história

22

# Sumário

# INTRODUÇÃO

Fala-se muito nos dias de hoje em direitos do homem. Pois bem: foi no século XVIII – em 1789, precisamente – que uma Assembleia Constituinte – outra fórmula política que também se encontra na ordem do dia, ao menos no Brasil – produziu e proclamou em Paris solenemente, a primeira "Declaração dos Direitos do Homem e do Cidadão" de que se tem notícia. Até então era como se o homem não existisse.

É claro que só porque se fala em direitos do homem ou se proclama que o homem tem direitos, isso não significa que estes direitos sejam respeitados. Às vezes, como ocorre hoje em dia, é sintoma justamente do contrário.

Mas não é esta história das peripécias ou das violentações dos direitos que quero aqui contar. Dirijo meu foco sobre um outro espetáculo. Se uma "Declaração" como aquela que se produziu durante a grande revolução francesa do século XVIII foi possível e se impôs como necessária para um grupo de entusiasmados revolucionários, foi por ter sido preparada por uma mutação no plano das ideias e das mentalidades. É para o estudo deste fenômeno de transformação, digamos, "ideológica", que convido o leitor.

A revolução ocorrida na França no final do século XVIII mudou radicalmente a face do mundo. Pôs fim ao chamado "Antigo Regime" e inaugurou a nossa história, a nossa modernidade. Mas ela não surgiu do nada. Os revolucionários que partiram ao assalto do poder político foram buscar em um rico arsenal de ideias as justificativas para a sua ousadia.

Ora, este rico arsenal foi sendo construído ao longo do século graças a um intenso fervilhar de ideias. É a este movimento cultural prodigioso que domina a Europa Ocidental – especialmente a França, a Inglaterra e a Alemanha – dos dois últimos decênios do século XVII até mais ou menos 1780 que se costuma chamar de "Iluminismo" ou de "Filosofia das Luzes" ou ainda de filosofia da "Ilustração". A razão desta denominação talvez fique clara para o leitor depois da leitura desta nossa pequena investigação.

Desta "filosofia" nos restam documentos. São algumas das grandes obras da filosofia ocidental como, por exemplo, *O Espírito das Leis*, de Montesquieu. A esta filosofia estão ligados certos grandes nomes muito conhecidos: o do próprio Montesquieu, o de Voltaire, Jean-Jacques Rousseau, Diderot, D'Alembert e outros.

Nada mais fácil, assim, do que identificar o fenômeno. Mas, se quisermos além disso tentar compreendê-lo, temos que ir além de uma simples decoreba de nomes de livros e autores dispostos em ordem em uma espécie de cardápio ideológico do século XVIII, pronto para ser usado com sucesso em algum desses programas de perguntas e respostas dos Sílvio Santos da vida. Compreender o Iluminismo é estudá-lo bem de perto e interrogá-lo, problematizá-lo.

Como entender essas Luzes, como perceber o sentido dessa "iluminação" e como caracterizar essa filosofia? Eis aí os nossos problemas. Mas não pense o leitor que temos a pretensão neste simples estudo introdutório de responder a perguntas tão difíceis de forma exaustiva. Quem quiser compreender *mesmo* os filósofos do Iluminismo terá que ler suas obras. O que posso fazer aqui, portanto, é apenas formular um convite a essa leitura.

O que caracteriza as Luzes, além da valorização do homem já referida, é uma profunda crença na Razão humana e nos seus poderes. Revalorizar o homem significa antes de tudo encará-lo como devendo tornar-se sujeito e dono do seu próprio destino, é esperar que cada homem, em princípio, pense por conta própria. O que isso quer dizer efetivamente talvez fique bem claro depois da evocação dos momentos principais dessa fascinante aventura intelectual. Tentaremos primeiro captá-la em seu "espírito" mais geral para depois discriminar as suas diferentes expressões. Talvez seja possível, então, no final do jogo, ter do fenômeno uma visão mais sintética.

Alguém terá dúvida quanto à oportunidade ou à gritante atualidade de uma leitura ou releitura destes autores ou de uma reflexão sobre os temas que propõem?

# OS FILÓSOFOS-REIS

Um original jogo de cartas editado em 1793 – ou seja, no Ano II da era revolucionária francesa – por um tal senhor Gayant, em Paris, ilustra de maneira exemplar aquilo que poderia ser considerado como o grande sonho da filosofia das Luzes. No lugar dos reis, das rainhas e dos valetes, este baralho, comemorativo das grandes façanhas que se produzem na ocasião, ostenta respectivamente figuras de "filósofos", de "virtudes" e de "soldados da República".

Limitemo-nos ao lugar dos reis. Substituindo o rei de paus, temos a figura de Rousseau. No lugar do rei de ouros, a de Voltaire. É verdade que o senhor Gayant faz uma certa confusão e coloca no lugar dos outros dois reis – o de copas e o de espadas – não dois filósofos propriamente, mas dois "homens de letras" e ambos do século anterior: La Fontaine, o famoso autor das *Fábulas*, e Molière, o pai da dramaturgia francesa. É também verdade que no século XVIII o termo *philosophe* tem uma acepção mais ampla do que tradicionalmente e engloba desde pensadores como Diderot até um naturalista e botânico como Buffon. De maneira que o criador do referido baralho, descontado o erro cronológico, não estaria assim tão equivocado ao misturar as cartas. Mas não é isso que importa discutir.

Seja como for, o baralho do ano II, reivindicando para os "filósofos" o lugar real, realiza simbolicamente um ideal que parece ter irmanado os ideólogos da época. Que a gestão da sociedade ou da *polis* – da cidade, no sentido grego – seja submetida ao império da Razão: eis aí a ideia mestra das Luzes, eis aí sua palavra de ordem principal. E eis aí, expressa em termos ainda abstratos, a antiga ideia do "Rei-Filósofo", velha utopia filosófica que encontrou sua primeira formulação nas páginas da *República* de Platão. Em que sentido o século das Luzes faz implicitamente dessa ideia platônica a sua divisa? E o que é que ela significa exatamente?

Para responder a essas questões e melhor compreender o rebrilhar das luzes do século, procuremos primeiramente

Carta de um baralho editado em 1793
com a figura de Rousseau.

evocar as "trevas" que elas se propunham dissipar e reconstituir o contexto histórico dentro do qual evoluem.

* * *

Antes de avançarmos por este caminho é preciso dissipar dois possíveis equívocos. Quando falamos em Iluminismo não estamos nos referindo a uma doutrina sistemática susceptível de ser exposta como um todo uno e coerente. Ao contrário, não apenas nos encontramos diante de uma multiplicidade de pontos de vista doutrinários heterogêneos mas, além disso, como veremos mais adiante, uma das características principais do "espírito" do Iluminismo consiste justamente na sua aversão aos grandes sistemas filosóficos acabados, tal como, por exemplo, o de Descartes ou o de Spinoza, ambos vicejando no solo fértil do século anterior.

Estaria também enganado o leitor que acreditasse achar-se diante de uma seita, de uma confraria, de um partido político, de uma igreja ou de uma sociedade secreta. Nada disso. Nenhum laço orgânico une os livres pensadores aos quais se costuma associar a designação que nos ocupa. Se há entre eles muita convergência de ideias é em virtude da participação em uma empreitada comum – como, por exemplo, na elaboração da grande *Enciclopédia* francesa – ou em uma mesma atmosfera cultural. Achamo-nos, isso sim, diante de um movimento de ideias que se manifesta através de uma grande variedade de obras distintas, mas que, no entanto, participam de um "espírito" comum. Qual seria ele?

* * *

Embora com diferenças consideráveis de ritmo e com características peculiares na França, na Inglaterra ou na Alemanha, assistimos, nos séculos XVII e XVIII, à aceleração do lento e complexo processo de transição do modo de produção feudal para o modo capitalista de produção, esboçado desde o século XV. Sob o impulso de numerosos conflitos, o panorama das relações de produção vai gradativamente se metamorfoseando nos países-chave da Europa. A velha aristocracia rural, à qual estavam submetidos os servos da gleba, vai perdendo seu poder econômico e político em favor de uma nova classe, a burguesia, forjada com o desenvolvimento de novas atividades econômicas que se dão principalmente na esfera da circulação – é a época do Mercantilismo (ver a respeito, nesta coleção, *Mercantilismo e Transição*, de Francisco Falcon) – e da produção artesanal e manufatureira que se desenvolve nas cidades, convertidas nos novos centros dinâmicos da vida social.

Ao lado da nobreza, como se sabe, e em quase perfeita simbiose com ela, está a Igreja. Trata-se do outro grande pilar de sustentação do sistema feudal, para o qual fornece o aparato ideológico justificativo da sua preservação. Com as grandes transformações que se processam a partir do século XV, o sistema é abalado nas suas diferentes dimensões. Na medida exata em que o senhor feudal vai sendo suplantado, a Igreja vai perdendo o poder absoluto de que gozava sobre os espíritos e passa por uma crise profunda. A crítica sistemática e tenaz do espírito teológico e dos dogmas da tradição religiosa constituirá precisamente uma das grandes frentes de batalha para homens como os *enciclopedistas.*

"Cada século", dirá Diderot, "tem um espírito que o caracteriza: o espírito do nosso parece ser o da liberdade." Ora, liberdade significa aqui, em primeiro lugar, liberdade frente à tradição religiosa. É com a condição de se conceber como livre no exercício da sua razão, como senhor de suas opiniões e como fonte da sua própria verdade, que o universo inteiro poderá liberar-se, para o homem, como um eventual campo de exercício para sua capacidade racional de explicação. Para a tradição religiosa e teológica uma tal pretensão seria a rigor descabida. A resposta aos enigmas que o circundam, o homem a encontra na própria palavra divina revelada: nas Sagradas Escrituras. Certo, é sem dúvida necessário que ele se utilize de seu entendimento e sua inteligência para melhor compreender certas passagens da Escritura, pois nem sempre as tais respostas são suficientemente

Na medida exata em que o senhor feudal vai sendo suplantado, a Igreja vai perdendo o poder absoluto de que gozava sobre os espíritos e passa por uma profunda crise.

claras. Mas nunca será sua razão a faculdade a dar a última palavra: ela é simples servidora da Fé, de um conjunto de preceitos dogmaticamente fixados diante dos quais deve cessar toda curiosidade intelectual. O âmbito de atuação da Razão humana será, nestas condições, necessariamente restrito e secundário: nem poderá dispensar a *Revelação* e nem, muito menos, pretender, em caso de conflito, prevalecer sobre ela.

É verdade que a luta contra a tradição religiosa não assume em todos os países a mesma forma. Como lembra Hegel, nas suas *Lições de História da Filosofia*, a *Aufklärung* – palavra alemã para Iluminismo – estava na Alemanha ao lado da Teologia – ou pelo menos de uma certa Teologia – ao passo que na "França tomou imediatamente uma direção hostil à Igreja". Nos países protestantes, com efeito, onde a tradição dogmática já vinha sendo há séculos submetida a uma crítica sistemática, as coisas foram um pouco diferentes. As próprias igrejas reformadas participaram, nestes países, da tendência no sentido de favorecer a valorização da Razão, do livre exame das Escrituras e de se contrapor ao predomínio absoluto do dogma e da fé.

O que importa assinalar, de qualquer maneira, é a nova atitude do homem frente ao universo. Deixava este de ser visto como manifestação de uma transcendência no limite absolutamente incompreensível e se convertia em um campo de exploração a ser submetido livremente à capacidade de julgar, comparar, pesar, avaliar, juntar ou separar de que os indivíduos começavam a se tornar cada vez mais conscientes.

Para ser efetivamente livre a Razão não pode se submeter a nenhuma autoridade que a transcenda ou a nenhuma regra que lhe seja extrínseca: ela é, para si mesma, sua própria regra. Mas é também a regra para o universo em geral: se o homem reivindica um estatuto soberano para a sua Razão é porque postula simultaneamente a racionalidade última do universo. Os seres e as coisas que nos circundam estão submetidos a certas regularidades. Caberá ao homem descobri-las e para isto ele dispõe do instrumento adequado, ou seja, sua própria inteligência.

Bossuet, o grande apologista da ortodoxia católica, cuja longa carreira literária atinge o auge no final do século XVII, resume da seguinte maneira a ideologia tradicional contra a qual irão investir os novos filósofos: "É um erro – diz ele – imaginar que é preciso sempre examinar antes de crer. A felicidade daqueles que nascem por assim dizer no seio da verdadeira Igreja, é que Deus lhe deu uma tal autoridade que acreditamos primeiro no que ela propõe e que a *fé precede*, ou antes, *exclui o exame*". Não é nada disso, respondem os livres-pensadores. Não há nenhuma autoridade acima da Razão. Nada escapa ao livre exame, ao livre exercício desta nobre faculdade de que nos achamos dotados. Soberana e livre, é assim que a querem os iluministas e é por uma tal imagem de Razão que se baterá durante toda a vida com a eloquência e o talento que lhe são próprios a um homem, por exemplo, como Voltaire.

Ora, já se vê que uma tal ambição não pode ficar confinada aos domínios exclusivos da batalha na frente religiosa e da luta pela fundamentação de um novo espírito científico. Entre a proclamação da Razão como autoridade suprema diante da Fé, e a reivindicação do lugar supremo para esta mesma Razão na condução dos destinos do homem que vive em sociedade, há apenas um passo que seria logo franqueado pelos novos ideólogos. Ou, melhor dizendo: é em mesmo movimento que se questiona a representação teológica do universo e a sociedade fortemente hierarquizada de que esta representação é uma expressão sublimada. É em um mesmo gesto que a Razão se propõe como instrumento soberano de conhecimento e, ao mesmo tempo, como instância suprema incumbida de reger os destinos históricos do homem e conduzir à sua emancipação diante dos preconceitos do passado, assim como dirigir e organizar a vida em sociedade. Não há dúvida de que a filosofia política da época encontrará, como veremos, as respostas mais variadas para a questão de se saber como realizar concretamente, em termos de organização e comportamento político práticos, este sonho especulativo. Mas trata-se de um ideal unanimemente partilhado.

Procuremos ainda, para completar o nosso panorama, tirar as medidas da nova mentalidade. Novos domínios, novos territórios vão sendo descobertos no mapa do saber. A atenção do sábio se volta para *este* mundo, a transcendência cede lugar à imanência. Um novo objeto de estudos começa a se desenhar no horizonte: o próprio homem. Uma nova "ciência" começa a se impor: a História. Os homens percebem, através do estudo do seu passado, que a massa de conhecimentos adquiridos pode ser utilizada e posta a serviço do seu próprio bem-estar. Surge, por conseguinte, como um corolário necessário de todas estas descobertas, um novo mito, um novo ideal, uma nova ideia reguladora, ou seja, a ideia do *Progresso*. Se o universo é inteiramente racional, não é absolutamente legítimo esperar que o acúmulo e a multiplicação dos conhecimentos permitirá ao homem cada vez mais dominar ou domesticar a Natureza, racionalizando e melhorando indefinidamente suas condições de vida?

* * *

Achamo-nos diante de uma *mutação* radical. Mas, não se impaciente o leitor. Não estamos pretendendo dizer que esta mutação, difícil de descrever, se passa exclusivamente no domínio dos espíritos puros ou se dá como simples consequência das iluminações ou a atuação de um punhado de intelectuais privilegiados. Bem ao contrário. A descoberta deste mundo espiritual até então insuspeitado não pode ser compreendida inteiramente a não ser quando a situamos no horizonte da luta que opõe a nova classe em ascensão, a burguesia, à velha ordem.

Não resta a menor dúvida. Estes pensadores e intelectuais são, de fato, *ideólogos* da nova classe, de um modo geral: são eles que se desincumbem, na frente de batalha ideológica, da tarefa de combater as forças do passado contra cujos privilégios seculares se contrapõe diuturnamente o grande comerciante de Amsterdã ou de Marselha na luta pela expansão de suas atividades lucrativas. Como diz Jean-Paul Sartre referindo-se ao período: a emancipação política de uma classe é apresentada, por parte de seus ideólogos, em termos de emancipação do Homem em geral. Esta ideia, dentro do contexto histórico em que eclode, não poderia ter sido concebida, forjada e convertida em poderosa utopia a não ser com a condição de que uma nova classe, fundando sua sobrevivência em um novo sistema de produção de riquezas, abrisse caminho para sua própria afirmação e se aventurasse na busca de uma hegemonia econômica, mas também política e social.

Ideólogos da burguesia. Que esta etiqueta, porém, não nos iluda. Evitemos a todo custo os reducionismos simplificadores. Ou seja: não vamos acreditar, como o ingênuo "marxista" dogmático, que tudo se reduz à luta de classes vista como um processo simples e linear. Dessa forma, explicar Montesquieu, Diderot ou Voltaire seria, por exemplo, encontrar para cada um deles a inserção precisa em um ou outro determinado segmento da classe em ascensão. Rousseau, por exemplo. Muito fácil. Eis aí, diríamos, um típico representante de setores da "pequena burguesia": todo o seu complexo pensamento explicar-se-ia a partir daí. Mas, como compreender que o barão d'Holbach – um nobre! – tenha sido, ao mesmo tempo, um dos mais radicais pensadores *materialistas* e tenha se juntado à *vanguarda* ideológica do Iluminismo?

Sem pretender entrar nesta complicada discussão ou querer expor uma teoria da história alternativa, limite-mo-nos a lançar nossas suspeitas em direção às imagens simplificadoras. Dizer, nestas condições, que nos achamos diante de ideólogos da burguesia não é a última palavra no movimento de explicação. Ao contrário: verdadeiro, este rótulo serve-nos apenas como indicação inicial que não nos dispensa do árduo trabalho de enfrentar o pensamento destes filósofos na complexidade e riqueza que o caracteriza. As ideias não podem ser vistas como simples epifenômenos; possuem uma autonomia a ser respeitada pelo historiador.

* * *

Avancemos mais um passo, sem menosprezar a complexidade das relações entre estes diferentes níveis. Desenhados os contornos mais gerais da mutação e indicado o quadro histórico em que se dá, retomemos de novo o problema, aproximemo-nos dos documentos que desafiam nosso esforço explicativo e que ainda povoam nossas atuais perplexidades.

Achamo-nos diante de uma transformação de mentalidades, certamente. Mas será que esta transformação ou mutação não tem início bem antes no Ocidente, bem antes daquilo que se convencionou chamar de Iluminismo? De fato. O Iluminismo é apenas o herdeiro e o ponto culminante de uma radical transformação ocorrida já no século XVII e que um historiador batizou com o nome de "crise da consciência europeia". Não é o século XVIII que descobre e exalta os poderes da Razão. As coisas começam muito antes.

Francis Bacon, René Descartes e John Locke. Eis aí mencionados os marcos iniciais e fundamentais do acontecimento. É certo que ele começa a despontar, a rigor, desde o chamado Renascimento que nos séculos XV e XVI abriu profundas brechas no sistema vigente. Mas é a partir dos três referenciais apontados – além de

Spinoza e Leibniz – que a grande transformação assenta suas bases definitivas.

"O homem tem sido afastado, como por uma espécie de encanto, do progresso nas ciências por reverência pela antiguidade, pela autoridade de homens considerados importantes na filosofia e ainda por passividade geral." Quem assim investe contra a tradição, os preconceitos e a inércia espiritual é Francis Bacon (1561-1627), autor de obras fundamentais tais como o *Novum Organum*, verdadeiro manifesto inaugural do método experimental que acabará por dominar o curso dos novos conhecimentos. Descartes (1596-1650) e Locke (1632-1704) participam do mesmo espírito: o primeiro, com o seu *Discurso sobre o Método* e suas *Meditações Metafísicas*, assenta as bases de uma rigorosa filosofia "racionalista" que faz da "luz natural" – a metáfora é de Descartes – de que toda criatura dispõe a instância última sobre a qual deverá ser edificado qualquer sistema de conhecimento; o segundo, com o seu *Ensaio sobre o Entendimento Humano*, faz da experiência a fonte de todo conhecimento, submetendo o intelecto humano a uma minuciosa dissecação. Longe de nós a pretensão de esgotar mediante estas fórmulas gerais e vagas o riquíssimo conteúdo destas doutrinas intrincadas. Queremos apenas insistir no fato de que sem elas torna-se impensável o movimento de ideias, que explodirá no século seguinte.

Carta de um baralho editado em 1793
com a figura de Voltaire.

Mas a nossa descrição permaneceria incompleta se nos esquecêssemos de mencionar um outro acontecimento cultural do período, talvez o maior de todos pelas suas consequências revolucionárias. É ele que põe abaixo teoricamente de maneira inapelável a velha representação do universo físico até então dominante apesar dos sucessivos questionamentos, desde Copérnico e Galileu. Refiro-me à explicação do movimento dos corpos por meio da teoria da atração universal formulada pelo inglês Sir Isaac Newton, cujos *Principia Philosophiae Naturalis*, publicados em 1687, constituem, na opinião unânime dos historiadores, a carta de alforria dos tempos modernos. A hipótese explicativa de Newton constitui uma aplicação concreta e brilhante para um problema *particular* de física do novo método científico e abre, nestas condições, perspectivas auspiciosas para o conhecimento humano.

Pope, poeta inglês contemporâneo de Newton, assim saudou em versos famosos a grande descoberta:

"Nature and Nature's laws lay hid in night
God said 'Let Newton be!' and all was light"[1]

Desde o século XVII assistimos, assim, aos golpes fatais contra a velha escolástica e a intocável ideologia

---

[1] "A Natureza e as suas leis jaziam na obscuridade./Deus disse: "Que Newton seja", e tudo se tornou luz."

"científica" que se procurava inculcar nos fiéis a ferro e a fogo. Do ponto de vista do conteúdo das doutrinas ou das grandes descobertas, o século XVIII pouco acrescenta, na realidade, às conquistas anteriores. Não há dúvida de que no plano da atividade de pesquisa o clima do século é de notável efervescência. Se não assistimos a grandes revelações sobre a estrutura física do universo, vemos em compensação o próprio poder público patrocinando dispendiosos experimentos científicos: por exemplo, o governo de Luís XV envia equipes de sábios ao Peru e à Lapônia para medir os graus do meridiano em busca de confirmação para a teoria newtoniana.

Multiplicam-se as "Academias" científicas, ao mesmo tempo em que se produzem avanços tecnológicos, como, por exemplo, o aperfeiçoamento de telescópios e microscópios. Basta lembrar, além disso, dos nomes de Laplace, Lavoisier, Benjamin Franklin, para nos darmos conta de que o fervor científico cresce intensamente e continua franqueando novas etapas.

Mas não é pelo alcance das novas descobertas e pelo avanço geral dos conhecimentos que se mostra melhor a originalidade do século face ao século anterior. Onde os novos sábios e pensadores revelar-se-ão inovadores será em ter conduzido até o fim, aplicando-a generalizadamente, a inspiração do grande racionalismo. A arma *analítica* e *crítica* que se forja desde o século XVII, os iluministas irão depurar ao mesmo tempo em que irão generalizar o seu emprego, tornando-o sistemático.

O que é próprio do século XVIII é a postura, a atitude que se liga ao nome de "filósofo". Ele não mais será visto como um especialista a debater ideias no círculo fechado dos seus pares. Sua ambição é sair pelas ruas, ou melhor, pelos famosos "salões" privados mantidos por personalidades inclusive da aristocracia, onde os nossos heróis se esquecem em intermináveis noitadas de discussões que são uma instituição típica do século. O sonho destes intelectuais "engajados" é intervir nos acontecimentos e desenvolver uma intensa atividade pedagógica e civilizatória. "Servi-vos de vosso espírito – diz por exemplo Voltaire em carta a Helvetius – para esclarecer o gênero humano." Graças à atuação destes verdadeiros propagandistas e agitadores da nova fé amplia-se o círculo de pessoas que leem, constitui-se um público cultivado e se organiza o espaço de uma verdadeira "opinião pública".

Mas o que, além disso, diferencia o próprio conteúdo do novo racionalismo daquele dos precursores – Descartes, Spinoza, Leibniz – é a já mencionada aversão ao *esprit de système*. Não pretendem agora os filósofos edificar sistemas acabados. A Razão é por eles concebida de forma diferente. Enquanto que para os precursores consistia na região em que habitam "verdades eternas", ela passa a ser vista agora, como lembra Ernst Cassirer no seu hoje clássico livro sobre a *Filosofia das Luzes*, enquanto uma forma determinada de "aquisição". "Não é – diz este historiador – a tesouraria do espírito na qual se guarda a verdade como moeda cunhada, mas antes a *força espiritual radical* que nos conduz ao descobrimento da verdade..." Para o século XVIII, a razão é uma "energia" – é ainda Cassirer quem fala – a ser apreciada não pelos seus resultados, mas em seu *exercício* e em sua *ação*.

É nos últimos decênios do século XVII que despontam os primeiros frutos do novo "racionalismo" no qual assistimos ao jogo desta nova energia. Pierre Bayle (1647-1706) e Fontenelle (1657-1757) podem ser vistos como os primeiros iluministas: o primeiro, autor de um *Dicionário Histórico e Crítico* que será uma das fontes de inspiração e modelo da *Enciclopédia*; Fontenelle, por sua vez, na sua obra mais famosa, cujo título sugestivo é *Da Pluralidade dos Mundos*, que foi publicada em 1688, fornece uma primeira síntese da nova visão do universo suscitada pelas novas descobertas.

Mas já é hora de deixar de lado as generalidades e esforçarmo-nos por desembaralhar as cartas tentando surpreender, na medida do possível, os nossos filósofos na sua soberana intimidade.

## LUZES QUE SE ACENDEM

Dois nomes dominam desde a sua primeira metade o cenário cultural do século XVIII, constituindo os principais representantes da primeira "geração" do Iluminismo: Montesquieu e Voltaire. O *Espírito das Leis*, a obra-prima de Montesquieu, data de 1748. Voltaire, por sua vez, que publica somente em 1756 o fundamental *Ensaio sobre os Costumes*, já havia conquistado um lugar definitivo na galeria dos grandes nomes da literatura francesa desde os anos 20.

Tanto um como o outro exercerão considerável influência sobre os seus contemporâneos e desempenharão o papel de verdadeiros *maître à penser*, autênticos guias

espirituais para os jovens que virão a seguir. Voltemos
nossa atenção para eles.

* * *

Comecemos por Charles Louis de Secondat, senhor
de la Brède e barão de Montesquieu, nascido em 1689
e morto em 1755. Se consideramos suas origens aristocráticas ou contemplamos uma das clássicas gravuras
do século XVIII que o retratam, temos dificuldade em
imaginar que este severo semblante de nobre da província
esconde o autor de uma obra revolucionária.

Charles Louis nasceu a 18 de janeiro de 1689 no
castelo de la Brède, nas proximidades de Bordeaux. Fez
seus estudos primários na própria residência paterna e
depois no colégio de Juilly, em Meaux, onde, fato importante para sua formação, terá como professores padres
oratorianos entusiastas do novo clima cultural. Em Paris
fez estudos de direito, voltando depois para sua província
onde passou a maior parte da vida dedicando-se à sua
paixão fundamental: as letras. Mas ele vai frequentemente
a Paris, onde é assíduo em vários salões. Durante quatro
anos, além disso, viaja pelo mundo coligindo material
para sua obra.

Além do já mencionado *O Espírito das Leis*, deixou-nos
as *Cartas Persas*, publicadas em 1721. Em 1725, publica *O
Templo de Cnido*, cujo tema é o erotismo. Publica ainda um
pequeno tratado sobre *A Monarquia Universal* e em 1734

as *Considerações sobre as Causas da Grandeza e Decadência dos Romanos*. Sua principal obra, porém, será publicada somente em 1748. Título completo: *Do Espírito das Leis ou das Relações que as Leis Devem Ter com a Constituição de Cada Governo, Costumes, Clima, Religião, Comércio, etc.*

Com as *Cartas Persas* Montesquieu ganhou grande notoriedade e exerceu notável influência. Cesare Beccaria, por exemplo, outro importante nome do Iluminismo na Itália, dizia ter sido "convertido" para a filosofia pela leitura das *Cartas*. Dois personagens, Rica e Uzbek, de origem persa, viajam pela Europa. De lá escrevem para seus amigos na Pérsia e relatam tudo o que veem, satirizando os costumes e criticando as instituições europeias. A ficção de um outro olhar debaixo do qual se relativiza a realidade europeia funciona como um vigoroso instrumento de crítica cultural e parece ter fascinado o século XVIII, época que também cultiva intensamente os relatos de viagem.

Mas é *O Espírito das Leis* sobretudo que nos fará recordar Montesquieu. Como resumir obra tão monumental? São seis partes, cada qual dividida em vários livros, compostos de numerosos capítulos. É fácil indicar o conteúdo de cada um desses livros, partes e capítulos. Redigidos com clareza, os diferentes livros se dispõem segundo um plano bastante evidente. Cada título, aliás bem circunstanciado, é suficiente para dar uma ideia sobre a matéria tratada. Vejamos, por exemplo, somente os títulos dos livros que dão início a cada uma das seis partes. Livro primeiro da Primeira Parte: "Das Leis em Geral"; Livro nono, no início da Segunda Parte: "Das Leis, em sua Relação com a Força Defensiva"; Livro décimo quarto, início da Terceira Parte: "Das Leis, na Relação que Elas Têm com a Natureza do Clima"; Livro vigésimo, começo da Quarta Parte: "Das Leis, na Relação que Têm com o Comércio Considerado em sua Natureza e em suas Distinções"; Livro vigésimo quarto, Quinta Parte: "Das Leis, na Relação que Têm com a Religião Estabelecida em cada País, Considerada em suas Práticas e em si Mesma"; finalmente, Livro vigésimo sétimo, Sexta Parte: "Da Origem e das Transformações das Leis dos Romanos sobre as Sucessões". Este inventário das articulações principais já nos dá uma pequena ideia acerca da amplitude do trabalho. Seria ridículo, como se vê, querer explicar inteiramente em algumas páginas esta obra em cuja elaboração o autor trabalhou durante nada menos do que vinte anos. Aqui vai, pois, apenas uma ideia geral.

As leis, escritas ou não, que governam os povos não são fruto do capricho ou do arbítrio de quem legisla. Eis a tese central de Montesquieu. Ao contrário, decorrem da realidade social e histórica concreta própria ao povo considerado. Mantêm com a totalidade da vida desse povo "relações necessárias". Determinar quais são essas relações ou, por outras palavras, qual é o "espírito", ou seja, a ideia predominante, o sentido de uma lei, é o propósito central do minucioso tratado. O bom legislador, nestas condições, não deverá consultar o seu capricho, mas levar em conta a complexa realidade para a qual legisla. Leis que são boas para um povo podem ser danosas para outro.

Mas como se estabelecem essas correlações? Vejamos mais de perto o texto mesmo do tratado. É logo no livro primeiro, "Das Leis em Geral", que vamos encontrar, nos três capítulos que o compõem, a determinação dos pressupostos fundamentais, a definição do objeto da investigação e o anúncio das grandes divisões.

O que é uma lei? Resposta, logo na primeira frase do livro: "As leis, na sua significação mais extensa, são as relações necessárias que derivam da natureza das coisas". Todos os seres do universo são regidos, no seu comportamento, por leis. Este é o pressuposto, a hipótese de base que vai sustentar todas as análises ulteriores. O universo é racional: isto é, para além das suas variações e diversificações, é possível encontrar regularidades ou a razão destas diferenciações. "Há, pois – acrescenta ainda o autor – uma razão primitiva; e as leis são relações que se encontram entre ela e os diferentes seres e as relações destes diversos seres entre si."

As leis "positivas", ou seja, leis que os homens instituem deliberadamente numa dada sociedade são, assim, apenas uma modalidade da Lei no sentido lato. Todos os seres estão submetidos a leis, assim também os homens vivendo em sociedade. Mas, com relação aos homens, dada a sua finitude e à sua liberdade, há uma diferença: as leis podem ser inadequadas e podem, mesmo adequadas, nunca serem obedecidas de forma automática, isto é, podem ser infringidas. Há uma margem de indeterminação no mundo dos homens, o que, porém, não exclui a presença de regularidades. As leis "positivas" ou leis num sentido estrito – a cujo estudo estará dedicado o tratado – constituem-se em uma das espécies de leis em geral definidas como relações necessárias que decorrem da natureza das coisas. As leis positivas são, ou pelo menos devem ser, a expressão de relações *necessárias* que é possível perceber na vida dos povos. Serão, assim, relativas às formas de governo, ao clima, às condições geográficas, etc.

Considere-se, por exemplo, a questão das formas de governo. Montesquieu distingue três formas de governo: a República, a Monarquia e o Despotismo. A República, por sua vez, pode ser ou Democrática ou Aristocrática. Distingue ainda entre a "natureza" e o "princípio" de cada governo. Natureza, diz, é aquilo que faz com que o governo seja de tal ou tal maneira, enquanto que princípio é a sua mola propulsora, aquilo que o faz agir. Assim, por exemplo, a natureza da Monarquia, sua "estrutura particular", é que um indivíduo somente governa de acordo com determinadas leis fixas e estabelecidas. É diferente da natureza do Despotismo, segundo o qual uma só pessoa governa, mas sem obedecer a leis e tudo fazendo segundo seu capricho. O princípio da Monarquia, por sua vez, ou seja, a paixão humana fundamental que a movimenta, é a Honra, assim como o da República é a Virtude, isto é, o amor à pátria, e o do Despotismo é o Medo. Cada uma dessas diferentes formas possui, assim, sua lógica própria, sua coerência interna em função da qual deverão ser definidas as leis em geral. Isto é, em função seja da natureza, seja do princípio próprio a cada tipo. Boa será a lei que se adequar à natureza e fortalecer o princípio de cada forma de governo. Posição "neutra", como se vê.

Um exemplo? Considere-se a educação. Convém regulá-la através de regulamentos e leis segundo o esquema definido. Assim, as leis da educação na monarquia terão um objeto diferente das leis da educação na República ou na Democracia. Em uma Democracia, por exemplo, as leis deverão favorecer a igualdade, tal como ocorria com a legislação de Licurgo, em Esparta, que dividiu igualitariamente as terras (veja-se o cap. V do Livro V). O mesmo não é necessário numa Monarquia, onde todos aspiram a superioridade.

Observe-se que Montesquieu não se pergunta pelo que é justo. Para ele todas as formas de governo são colocadas em um mesmo plano, embora suas preferências se dirijam para uma Aristocracia moderada. Inaugura, assim, uma análise de *ciência* política. Não há leis justas ou injustas deste ponto de vista, mas leis mais ou menos adequadas a um determinado povo e a determinadas circunstâncias de época e lugar.

Mas a forma de governo não é a única variável a ser considerada. Deve-se levar em conta igualmente outras relações assim como o "espírito" particular de cada povo e de cada época. Daí o título. E é o que ele fará nos livros subsequentes.

Para dar uma ideia mais precisa da construção da obra e das suas outras partes, vamos nos servir de um esquema proposto por *Raymond Aron*, que divide a obra em três partes principais. A primeira compreende os treze primeiros livros e está consagrada ao estudo, como já vimos, das leis nas suas relações com os diferentes tipos de governo. Uma segunda parte iria do Livro XIV ao Livro XIX e trata das causas materiais ou físicas, dos fatores de ordem material, como o clima e o terreno sobre o qual vivem os povos, na sua influência sobre os costumes e o modo de ser. Por conseguinte, na sua correlação com as leis. A terceira iria do Livro XX ao Livro XXVI e nela são estudados e isolados os fatores de ordem social como o comércio, as finanças, a demografia, a religião.

Além destas três partes principais, estariam os últimos livros até o final consagrados ao estudo da legislação romana e feudal e que funcionam como "ilustrações históricas" das teses enunciadas anteriormente. Haveria ainda dois livros que estariam, por assim dizer, à parte. O livro XXIX, que trata da questão: como é que devem ser compostas as leis. Este livro, segundo o tal Aron, deve ser interpretado como uma "elaboração pragmática das consequências que se deduzem do estudo científico". Depois, o Livro XIX, que trata do "espírito geral de uma nação". Seria um dos mais importantes, embora de difícil classificação em um plano qualquer. Representaria a transição ou o laço entre a primeira parte, a sociologia *política*, e as outras duas, que tratam dos *fatores físicos* e *morais*.

Falamos em sociologia. Mas é preciso lembrar que a palavra não é do próprio Montesquieu e só vai aparecer no século seguinte, com Augusto Comte. De qualquer maneira, os historiadores são unânimes em classificar o barão entre os pais desta ciência nova que somente mais tarde conquistará autonomia. Durkheim, por exemplo, considera Montesquieu e Rousseau os grandes precursores da *sociologia*. Limitando-nos por enquanto a Montesquieu, o que é importante notar é a novidade da abordagem do autor do *Espírito das Leis*. É com um olhar inaugural, como Marx ou Freud, fruto do novo espírito científico, que o barão surpreenderá a realidade social. Até então o complexo universo das coisas humanas, a variada dimensão dos fatos sociais não era senão um fator subalterno do real, desprovido de autonomia. A realidade política era um território subordinado ao da Moral e a ela se chegava ao término de uma cadeia de deduções. Descobre-se agora um novo objeto autônomo de estudos. Abre-se caminho para a observação metódica dos fatos sociais, sem ideias preconcebidas.

Hegel, no século XIX, é o primeiro a reconhecer a importância e a novidade da abordagem de Montesquieu. De acordo com Hegel, ele é o primeiro a ter uma verdadeira "visão histórica", na medida em que não considera abstratamente uma legislação, mas a vê como elemento condicionado de uma totalidade em correlação com outras determinações que constituem o caráter de uma nação ou de uma época.

Ou ainda, como diz um comentador do nosso século (*Louis Althusser*): a "revolução teórica" levada a efeito por Montesquieu está em que ele aplica às matérias da política e da história uma categoria *newtoniana* de lei, isto é, supõe, como vimos, que é possível extrair das próprias instituições humanas os elementos para se pensar sua diversidade numa constância, tal como Newton explica a variedade de movimento dos corpos a partir da atração recíproca que exercem uns sobre os outros segundo sua massa e posição.

Do ponto de vista das doutrinas políticas que professa não se pode dizer, porém, que Montesquieu seja um "revolucionário". Ele não se coloca deliberadamente ao lado da burguesia e defende, antes, um liberalismo aristocrático. Suas simpatias políticas se dirigem a uma monarquia moderada, como mostra o grande entusiasmo que manifesta pela *Constituição Inglesa*, a cuja análise dedica o capítulo mais longo – e mais famoso – da obra, o capítulo VI do Livro XI. É neste capítulo, aliás, quê formula a célebre teoria da separação e distinção dos poderes: o Executivo, o Legislativo e o Judiciário. Esta teoria será transformada em verdadeiro dogma pela "Declaração dos Direitos do Homem" de 1789 que proclama no seu artigo 16: "Qualquer sociedade na qual a garantia dos direitos não estiver assegurada, nem a separação dos poderes determinada, não tem Constituição".

Apesar, no entanto, da sua fidelidade à nobreza e de suas convicções aristocráticas e graças a uma certa ambiguidade que reina em seu texto, Montesquieu será amplamente utilizado e admirado pelos revolucionários de 89. Marat, por exemplo, não hesitara em proclamar que Montesquieu é o "maior homem do século".

É possível que o fogoso tribuno revolucionário tenha em parte razão: descontada a grandiloquência tão frequente no século, talvez seja de fato verdade que nos achamos diante de um dos maiores, senão o maior homem do século, se é que juízos tão peremptórios como este tenham qualquer sentido preciso fora da retórica comemorativa. Muito mais do que Montesquieu, porém, é Voltaire que incorpora o "espírito" do século, é ele o homem-símbolo, o representante exemplar do estilo das Luzes, o resumo vivo da filosofia da época.

* * *

Polemista vigoroso, crítico mordaz da Religião e da Monarquia, Voltaire não é propriamente um teórico. Não deixou uma obra sistemática que se compare ao *O Espírito das Leis*. Suas ideias estão espalhadas por numerosas obras de estilo e gênero variado e ele é principalmente o grande agitador e propagandista do novo espírito. Deixou-nos numerosos poemas, inclusive uma epopeia, a *Henriade*, além de peças de teatro, tragédias e comédias. Publicou romances, dos quais os mais famosos são *Candide* (1759) e *O Ingênuo* (1767), um *Tratado de Metafísica*, um *Dicionário Filosófico*, mas principalmente o *Ensaio sobre os Costumes*, ao qual já nos referimos. Escreveu ainda outros importantes livros de história, como *O Século de Luís XIV* e a *História de Carlos XII*.

Voltaire (1694-1778), cujo verdadeiro nome é François Marie Arouet, nasceu em Paris. Sua longa vida pode ser dividida em dois períodos. Depois de uma brilhante carreira nas letras, ele se volta, já com mais de 60 anos, para uma *atuação política* intensa, tornando-se um verdadeiro apóstolo da tolerância e celebrizando-se pelas polêmicas em que se envolve. São as famosas questões *Callas, Sirven, De la Barre*, todos vítimas de erros judiciários em cuja defesa o escritor se lança apaixonadamente. Procuremos evocar primeiro suas ideias principais para depois acompanhá-lo mais de perto nas suas batalhas.

"Écrasez l'infâme", ou seja, "Esmagai a Infame". Dada a violência desta expressão dirigida contra a Igreja Católica e com a qual Voltaire quase sempre conclui sua correspondência, é de se surpreender que as autoridades constituídas não tenham sido mais severas com ele. É verdade que chegou até a conhecer a Bastilha por duas vezes, precisou se ausentar de Paris e refugiar-se em Cirey depois de ter publicado em 1734 suas *Cartas Filosóficas* ou *Cartas Inglesas*. Mas as coisas ficaram por aí. Sua extraordinária celebridade funcionou como uma espécie de imunidade que o protegeu das perseguições e dos ódios despertados e permitiu que logo voltasse a Paris.

Voltaire é um entusiasta da filosofia do século XVII. Toda sua paixão está voltada para a Razão e para o seu livre exercício. Descartes e Newton são para ele nomes fundamentais na história das conquistas do espírito. Sobretudo Newton, a quem consagra um livro para explicar suas "ideias sublimes", como diz, e cujo título já é suficientemente elucidativo: *Elementos da Filosofia de Newton, ao Alcance de Todo Mundo*, de 1738. Mas é sobretudo o "racionalismo" de Locke que o entusiasma. Avesso ao "espírito de sistema" tão característico do cartesianismo, é para a razão experimentalista e empirista que dirige sua simpatia, e para ele *Locke* é nada menos do que o *Aristóteles* dos tempos modernos.

Ora, tudo aquilo que possa constituir um entrave para a expansão dessas luzes, é para ele o inimigo principal. A tradição religiosa e a autoridade política serão assim os dois alvos fundamentais dos seus ataques. Vamos primeiro seguir os seus passos nesse combate para em seguida considerar a sua obra histórica.

Apesar de seus ataques contra a Igreja, Voltaire não se pretende ateu e repele as acusações de "ateísmo" que o perseguiram. No verbete "Ateu, ateísmo" do seu *Dicionário Filosófico*, ele diz, por exemplo: "Noutros tempos, qualquer pessoa que fosse detentora de um segredo numa arte, corria logo o perigo de ser tomada por feiticeira; qualquer seita nova era logo acusada de imolar criancinhas nos seus sacrifícios e atos de cultos e o filósofo que se afastasse da terminologia da escola – ou seja, da *filosofia escolástica* – era acusado de ateísmo pelos fanáticos e pelos velhacos e condenado pelos idiotas".

Mostra Voltaire como muitos dos que através da história, a começar pelo próprio *Sócrates*, foram acusados de ateísmo o foram injustamente. Condena, assim, muito mais o fanatismo e o preconceito religioso do que o ateísmo, que reconhece, aliás, muito pouco difundido. Ataca a superstição, a crença nos milagres e o antropomorfismo na representação de Deus; mas não *nega* em absoluto sua existência. Ao contrário, reconhece-a como necessária, como princípio explicativo último de todo o universo. Voltaire contesta, evidentemente, a autoridade absoluta dos Papas e prega a tolerância religiosa. Nas *Cartas Inglesas* mostra, por exemplo, grande admiração pela tolerância dos *quakers*, seita protestante. É Voltaire também o grande campeão do anticlericalismo; persegue o clérigo sempre que pode por meio de seus epigramas, sátiras, anedotas: é necessário ter uma religião, diz ele, e não acreditar nos padres.

Do ponto de vista político, Voltaire é um reformista moderado e pragmático. A "liberdade" e a "propriedade" privada, uma sustentando a outra, são os dois pilares da sua política. É também um grande admirador da Constituição inglesa e também faz de Luís XIV o seu grande modelo de político, na obra já mencionada sobre o século de Luís XIV. Defensor do que se chamaria posteriormente de "despotismo esclarecido", foi admirador e amigo de Frederico II, rei da Prússia (veja-se mais adiante), do qual foi hóspede durante alguns anos. Sua política é uma política concreta e quotidiana, tendo lutado por reformas administrativas e civis: proibição das prisões arbitrárias, supressão da *tortura* e da *pena de morte*, supressão do processo judicial secreto, unidade da legislação, melhor recebimento de impostos e garantia da liberdade de pensamento e expressão.

A parte mais original e de maior envergadura da obra "teórica" de Voltaire, porém, é a relativa à história. É possível afirmar que com ele se dá uma verdadeira invenção da história como ciência. Suas concepções a respeito da investigação histórica são até hoje o ponto de partida para qualquer ciência histórica. Neste sentido. Voltaire é um discípulo e continuador de Bayle. Sua grande preocupação, na descrição dos fatos e levantamento das fontes do passado, é a "exatidão". Por outro lado, ele rompe com a história até então praticada, que é um amontoado de árvores genealógicas travestidas de relato histórico. Os historiadores em geral preocupam-se com a evolução de uma família. Outro ponto de vista que ele repudia é o exclusivamente militar: chega de histórias que são simples atas comemorativas dos feitos de alguns militares. Preocupa-se Voltaire com os "povos", buscando determinar o espírito do tempo e o "espírito das nações". Propõe uma história que abranja o conjunto das atividades humanas, o movimento de preços e salários, as grandes invenções (o *moinho de vento*, a *lareira*, os *óculos*).

No que diz respeito à concepção do evoluir histórico, Voltaire tem um ponto de vista "evolucionista". A natureza humana, que é uma só, vai se desenvolvendo gradativamente, passando da potência ao ato através de diferentes etapas e caminha na direção do triunfo das luzes, da superação das superstições e da conquista da civilização.

Depois de sua segunda ida a Berlim, Voltaire volta e se instala nos domínios de Femey, quase na fronteira com a Suíça, onde passará os últimos vinte anos de sua vida. Ao mesmo tempo em que prossegue no seu trabalho fecundo, toma parte em numerosos *affaires* ou "casos" judiciários, dos quais o mais famoso é o de Callas. O "patriarca de Ferney", como passa a ser chamado, converte-se em um verdadeiro ídolo e sua propriedade é visitada incessantemente por viajantes vindos de toda a Europa. Em 1778, pouco antes de sua morte e com a idade de 84 anos, empreende uma última viagem a Paris onde é recebido triunfalmente e no dia 30 de março, por ocasião da sexagésima representação de sua peça *Irene*, um busto seu é coroado sobre a cena. É o triunfo, ao qual, aliás, o próprio Voltaire sucumbirá, morrendo a 30 de maio. A obra de Voltaire é completada por sua monumental *Correspondência*, da qual nos restam cerca de doze mil cartas dirigidas a setecentos correspondentes.

# A "VANGUARDA" ILUMINADA

O principal centro das Luzes foi a França e sua capital, Paris. Paris, aliás, é a grande metrópole do século XVIII, não apenas do ponto de vista cultural. É o que exprime de maneira pitoresca o célebre Marivaux na sua famosa tirada: "Paris – diz ele – é o mundo; o resto da terra é o seu subúrbio".

O que não significa que as Luzes não tenham se espalhado por toda a Europa e ilustrado outras capitais como Londres e Berlim, principalmente, além de Viena, Roma, Madri, Lisboa ou São Petersburgo. Mas chegaram até mesmo a atingir as Américas, especialmente os Estados Unidos, sobre cuja formação e independência nacional influíram decisivamente. Permaneçamos, por enquanto, na "capital", para em seguida acompanhar a propagação das Luzes através da "periferia".

\* \* \*

Quando se fala na Filosofia das Luzes pensa-se logo na grande *Enciclopédia*. Iluministas e enciclopedistas são termos quase equivalentes. Enciclopédia: emblema das Luzes, monumento que a humanidade deve à cultura do século XVIII. Tendo começado a ser publicada em Paris em 1751, seu título completo era o seguinte: *Enciclopédia ou Dicionário Raciocinado das Ciências, das Artes e dos Ofícios, por uma Sociedade de Homens de Letras. Organizada e Publicada por Diderot... e quanto à Parte Matemática por d'Alembert.*

Não era uma "enciclopédia" como outra qualquer, como se vê pelo título. Seus verbetes não são simples justaposição de informações disparatadas. Dedica-se sobretudo às ciências, às artes e aos ofícios e busca mostrar as ligações que se estabelecem entre seus diferentes setores.

É o que nos explica d'Alembert no seu "Discurso Preliminar", texto que serve de introdução ao primeiro volume e que ficou famoso: "A obra que começamos – diz ele – (e que desejamos acabar) tem dois objetivos: como *Enciclopédia*, deve expor tanto quanto possível a ordem e o encadeamento dos conhecimentos; como dicionário *raciocinado* das ciências, das artes e dos ofícios, deve conter sobre cada ciência e sobre cada arte, quer seja liberal, quer seja mecânica, princípios gerais que lhe sirvam de base e os pormenores mais essenciais que são o seu corpo e substância".

Para realizar esta tarefa monumental foram convocados os espíritos mais brilhantes da época, além de especialistas das mais diversas matérias e profissionais liberais, como advogados e médicos. O principal organizador da *Enciclopédia*, sua verdadeira "alma", que a ela dedicou a maior parte de sua vida, foi *Diderot*. O conjunto da obra compreende trinta e cinco volumes, sendo 17 volumes de texto, mais 11 de ilustrações, além de 4 volumes suplementares de texto e um de ilustrações, completados por dois volumes de índice geral. Sua publicação estende-se de 1751 a 1780, dividindo-se em duas fases: de 1751 a 1757, a primeira, e a segunda de 1762 a 1772.

Entre os numerosos colaboradores figuram os próprios Montesquieu e Voltaire. O primeiro redigiu apenas um verbete, sobre *O Gosto*. Voltaire, em compensação, entusiasmando-se desde o início com o projeto da *Enciclopédia*, foi responsável pela redação de quarenta e três artigos, principalmente de crítica literária e história. São dele, por exemplo, os verbetes sobre *Elegância, Eloquência, Espírito, Imaginação*.

A Jean-Jacques Rousseau, outro grande nome do século XVIII, deve-se também uma importante colaboração. Antes da sua briga com os enciclopedistas – este se caracterizava por brigar com todo mundo – redigiu o verbete intitulado "Economia Política" e todos os verbetes dedicados à *música*.

Outros grandes cientistas, como Buffon e o próprio Fontenelle, também colaboram. O barão d'Holbach encarrega-se dos temas da química e história natural. Os "fisiocratas" (ver mais adiante) Quesnay e Turgot – futuro ministro de Luís XVI – encarregam-se de verbetes sobre economia. Mas o colaborador mais assíduo e constante, tipo de chefe de redação, ou redator de plantão encarregado de preencher lacunas e que escreveu sobre tudo, foi o *chevalier* de Jaucourt (1704-1779). Ao todo, são 142 os autores conhecidos que assinam verbetes.

Quanto a d'Alembert, além do "Discurso Preliminar" e numerosos artigos sobre matemática e física, redigiu também o verbete "Colégio", no qual critica a educação da época, e o verbete "Genebra", que suscitou uma famosa polêmica com Rousseau, o *briguento*.

Além de sua colaboração na *Enciclopédia*, aliás, Jean Lerond d'Alembert (1717-1783) deixou outras obras importantes, tendo também sido um matemático de primeira grandeza. Seu "Discurso Preliminar", além de uma introdução à *Enciclopédia*, é um importante resumo ou súmula de todo o espírito da Filosofia desse tempo. Depois de constatar as grandes transformações que se verificam nos domínios mais variados das ciências, d'Alembert observa: "Todas essas causas colaboraram na produção de uma viva efervescência dos espíritos... Tudo foi discutido, analisado, remexido, desde os princípios das ciências até os fundamentos da religião revelada, desde os problemas da metafísica até os do gosto, desde a música até a moral, desde as questões teológicas até as de economia e comércio, desde a política até o direito das gentes e o civil. Fruto desta efervescência geral dos espíritos uma *nova luz* se derrama sobre muitos objetos e novas obscuridades os cobrem como o fluxo e o refluxo da maré depositam nas margens coisas inesperadas e arrastam consigo outras".

\* \* \*

Difícil é dar uma ideia do conteúdo do variado conjunto de textos que compõem a *Enciclopédia*. O que podemos dizer é que aí encontramos, sem dúvida, como expostas em uma vitrina, as ideias principais da burguesia do século XVIII. Se o catolicismo teve a sua *Suma Teológica* com São Tomás de Aquino, a burguesia também teve na *Enciclopédia* a sua *Suma Filosófica*. Nela podemos contemplar as principais ideias e teses políticas e filosóficas pelas quais a maioria dos livres-pensadores e homens de letras do século se batem.

Citemos alguns exemplos. Em primeiro lugar, o verbete "Filosofia", de um autor anônimo. Depois de definir a filosofia como sendo o ato de "dar a razão das coisas ou pelo menos procurá-la, porque, enquanto nos limitamos a ver e a contar o que vemos, não saímos da história", o autor prossegue, apontando os dois grandes obstáculos aos progressos da filosofia. São eles: a *autoridade* e o *espírito sistemático.* Referindo-se ao primeiro, pedra no caminho da filosofia, diz: "Um verdadeiro filósofo não vê pelos olhos dos outros e só se rende à convicção que nasce da evidência". Quanto ao espírito sistemático, diz: "por espírito sistemático não entendo aquele que liga verdades entre si para firmar demonstrações, que é afinal o verdadeiro espírito filosófico; mas refiro-me àquele que constrói planos e forma os sistemas do universo, aos quais quer seguidamente ajustar, bem ou mal, os fenômenos".

Outro verbete de maior importância e que bem ilustra o ideário político dos enciclopedistas é o que se intitula "Representantes". Neste verbete, da autoria do já referido *barão d'Holbach,* estão expostas ideias seme-lhantes às de Montesquieu sobre as qualidades do regime representativo. Mostrando que os regimes despóticos não necessitam de representantes, diz o autor que um governante só pode governar direito se existirem entre ele e os súditos representantes que expliquem sem tumulto, ou seja, "cidadãos mais esclarecidos que os outros, mais interessados no assunto, cujas posses os liguem à pátria, cuja posição os coloque em situação de sentir as necessidades do Estado, os abusos que se introduzem e os remédios adequados". Somente Rousseau, como veremos mais adiante, fará uma crítica contundente e radical do sistema representativo.

\* \* \*

A principal figura da *Enciclopédia*, como já observamos, é Diderot. Nascido em Langres a 5 de outubro de 1713 e tendo falecido em Paris em 1784, Denis Diderot é seguramente uma das personalidades mais marcantes de seu tempo. Exuberante e infatigável, Diderot exerce grande influência sobre seus contemporâneos e é um verdadeiro líder entre os enciclopedistas.

Embora sua vida quase se confunda com a da *Enciclopédia*, Diderot deixou uma obra variada. Escreveu peças de teatro, contos, romances e ensaios filosóficos.

Aos 36 anos de idade, Diderot é convidado pelos livreiros Briasson, Laurent Durand e David a traduzir uma "enciclopédia" inglesa então existente, conhecida como *Enciclopédia Chambers*, em cinco volumes. Aceita. Mas o que deveria de início ser apenas uma tradução vai se converter na maior empreitada da sua vida. Insatisfeito com as limitações da enciclopédia inglesa, concebe a ideia da grande *Enciclopédia*. Ganho pelo entusiasmo, consegue vendê-la aos editores. Dá início então à prodigiosa mobilização de talentos da qual brotará, cinco anos depois, o primeiro fruto. Daí em diante dedicar-se-á quase exclusivamente à produção para a *Enciclopédia*.

Em 46, premido por necessidades financeiras e ao mesmo tempo em que inicia o trabalho para a *Enciclopédia*, publica *Pensamentos Filosóficos*, obra que é condenada pelo Parlamento de Paris. Escreve ainda *La Promenade du Sceptique* (O Passeio do Cético), sobre a qual faz revelações em um "café" para "amigos", o que provoca grande falatório e desperta novamente em sua direção a atenção da polícia. É obrigado a mudar de residência e a se manter algum tempo semi-clandestino. Publica a terrível sátira *Les Bijoux Indiscrets*, cuja trama "obscena" provoca grande escândalo e lhe traz muito dinheiro. Também não é para menos: as vaginas (os *bijoux*) das cortesãs de um imaginário reino africano se põem a falar sob a ação mágica de um anel do Sultão e começam a contar com minúcias suas intimidades de alcova. A ninguém escapou, evidentemente, que o modelo retratado não era outro senão a própria corte de Paris.

Sem deixar de trabalhar para a *Enciclopédia*, o nosso personagem encontra ainda tempo para novas investidas contra os preconceitos vigentes. Em 1749 publica sua famosa *Carta sobre os Cegos*, que choca pela sua veemente profissão de fé materialista. Não é de se surpreender, portanto, que ele acabe igualmente preso. Só não conhecerá a Bastilha porque esta está lotada nestes tempos conturbados. Será então trancafiado no castelo de Vincennes, onde passará três meses. Período difícil, mas nosso herói não perde o entusiasmo. Continua trabalhando para a *Enciclopédia*. Depois de algum tempo permitem que receba visitas. Os mais assíduos serão sua mulher e d'Alembert. Rousseau também o visita. Uma destas visitas será, aliás, imortalizada em uma página das *Confissões*, deste último. Rousseau concebe o projeto do seu primeiro *Discurso* e no decorrer da visita comunica-o a Diderot que o encoraja a realizá-lo. O encorajamento do então amigo será decisivo, como conta o próprio Rousseau. A 3 de novembro de 1749 Diderot é liberado. Até esta época tivera e perdera três filhos...

A 1º de julho de 1751 aparece, finalmente, o primeiro volume da *Enciclopédia*, contendo um "Prospectus" de Diderot, além do "Discurso Preliminar" de d'Alembert. O impacto é grande. Numerosos os entusiastas, mas muitos são também os críticos, logo transformados em inimigos implacáveis sob o comando dos Jesuítas. Até 1759, apesar da oposição crescente e graças à proteção velada e à tolerância do ministro Malhesherbes, dez volumes serão publicados. Do ponto de vista financeiro o sucesso é absoluto: durante o período a *Enciclopédia* terá 3500 assinantes. O empreendimento faz a fortuna dos livreiros, mas não de Diderot. "Não é bem estranho

– reclama ele no final da vida – que eu tenha trabalhado trinta anos para os associados da Enciclopédia, que minha vida tenha passado, que lhes restem 2 milhões e que eu não tenha um tostão?"

Em 1759, a publicação da *Enciclopédia* será proibida. Mas o trabalho continua em surdina, embora em ritmo mais lento. Finalmente, em 1769 serão publicados de uma só vez os seus últimos 7 livros, mas já desta vez muitos dos colaboradores iniciais, dentre os quais d'Alembert, abandonaram o barco.

A partir desta data Diderot encontra tempo ainda para escrever algumas de suas obras principais. Volta-se primeiramente para o teatro e é considerado o criador do drama burguês com as peças *O Filho Natural* e *Pai de Família*. A partir de 1759 redige para a *Correspondência Literária*, dirigida por seu amigo Grimm, os famosos "Salões", resenha dos acontecimentos artísticos que inauguram a crítica de arte. Escreve ainda um romance, a *Religiosa*, publicado postumamente, e duas obras fundamentais: *O Sobrinho de Rameau* e *O Sonho de d'Alembert*. *O Sobrinho de Rameau* também será publicado postumamente e assim mesmo em alemão, em tradução de Goethe.

Ao contrário de Voltaire, Diderot nunca será rico. Há épocas em sua vida em que chega mesmo quase à beira da miséria. Em 1761 a proteção de Catarina II, imperatriz "esclarecida" da Rússia, grande admiradora de Diderot e dos "enciclopedistas", garantirá a ele uma certa folga até o fim da vida. Querendo constituir um dote para a única filha que lhe restara, Marie-Angelique, Diderot anuncia sua intenção de vender a biblioteca que acumulara ao longo dos anos. Catarina II, informada por seu embaixador em Paris, não apenas compra a *biblioteca* como o nomeia seu próprio bibliotecário, encarregado da conservação da *própria* biblioteca. A convite de Catarina II Diderot empreenderá também uma viagem de cerca de um ano à Rússia, de onde volta em 1774.

\* \* \*

A parte filosófica não é certamente a principal, nem a mais original na obra de Diderot. De todos os iluministas, porém, é um dos mais ousados filosoficamente. Não hesita em romper definitiva e radicalmente com a Teologia e a Filosofia tradicionais e vai além de Voltaire, por exemplo, professando um resoluto ateísmo e um consequente *materialismo*.

O homem, para Diderot, em nada difere dos outros seres do universo: é uma porção de matéria constituída de átomos e construída segundo as leis universais que regem toda a Natureza. Além disso, não há nenhum Deus.

Suas ideias principais são fixadas nas seguintes obras propriamente filosóficas: *Carta sobre os Cegos. Carta sobre os Surdos e Mudos, Entrevista entre d'Alembert e Diderot, O*

*Sonho de d'Alembert*, a *Continuação da Entrevista*, e, finalmente, *A Entrevista de um Filósofo com a Marechala de...*

Nesta última obra, Diderot assim resume o seu materialismo: "Se é que podemos acreditar que veremos quando
não tivermos mais olhos; que ouviremos quando não
tivermos mais ouvidos; que pensaremos quando não tivermos mais cabeça; que sentiremos quando não tivermos
mais coração; que existiremos quando não estivermos
em parte alguma, que seremos algo sem extensão e sem
lugar, então consinto". Ou seja, se é possível acreditar
em tamanhos absurdos, então consinto em que há algo
além da matéria. Tudo é matéria, pensa Diderot, e a
matéria é a essência do real.

Na *Carta sobre os Cegos* afirma, por exemplo: "Como
nunca duvidei de que o estado de nossos órgãos e de
nossos sentidos tenha muita influência sobre nossa
metafísica e sobre nossa moral, e que nossas ideias
as mais puramente intelectuais, se assim posso falar,
prendem-se de muito perto à conformação de nosso
corpo, pus-me a questionar nosso cego sobre os vícios
e as virtudes". Toda a *Carta* é uma ilustração desta tese.
Diderot retoma o problema tão discutido no século
XVIII e que ficou conhecido como o problema de
Molyneau: se um cego de nascença recuperar a visão
através de uma operação, sua vista lhe fornecerá informações convergentes com as dos outros sentidos? Por

exemplo, saberá distinguir um *globo* de um *cubo* que aprendeu a distinguir pelo sentido do tato? Diderot mostrará a profunda dependência das nossas ideias relativamente aos nossos sentidos. Além disso, engajar-se-á na via de uma psicologia experimental.

A experimentação, aliás, também para Diderot é fundamental. Toda ciência não pode se apoiar em puras especulações, mas deve estar experimentalmente fundamentada.

Ao matematismo de Descartes, prefere o experimentalismo de Newton. Em uma de suas obras diz, por exemplo, o seguinte: "Temos três meios principais, a observação da natureza, a reflexão e a experiência; a observação recolhe os fatos; a reflexão os combina; a experiência verifica o resultado da combinação. É preciso que a observação da natureza seja assídua, que a reflexão seja profunda e que a experiência seja exata". Em outra ocasião declara: "Uma boa observação vale mais do que cem teorias".

Do ponto de vista político, sua posição moderada contrasta com o radicalismo filosófico e religioso e oscila entre a monarquia à inglesa e o chamado "despotismo esclarecido" (ver mais adiante). De qualquer maneira, a questão dos governos e das formas de governo é para ele, ao que parece, uma questão secundária. A política deve estar subordinada à economia e, afinal, o grande princípio a guiar uma e a outra deverá ser o da *utilidade*.

Também cerram fileiras em torno do materialismo alguns outros pensadores muito ligados a Diderot e à obra da *Enciclopédia*. O principal foi o barão d'Holbach (1723-1789), ao qual já fizemos referência.

Além de se dedicar às ciências, d'Holbach, rico aristocrata, é também uma espécie de mecenas. É em seus salões que se reúnem os enciclopedistas para as suas noitadas intermináveis. Escreveu várias obras, entre as quais *Cristianismo Desmascarado, Política Natural*, e principalmente *Sistema da Natureza*. Escreve também uma *Moral Universal* que recebe grandes elogios de Diderot. Tal como Helvetius, seu colaborador e amigo (1715-1771), autor de uma obra famosa e polêmica – *Do Espírito* –, d'Holbach professa um materialismo decidido e radical. Também La Mettrie (1709-1751) é outro importante adepto do materialismo. Sua obra *O Homem Máquina* também causou sensação na época. Mas estes três, pelos seus exageros mecanicistas, seriam uma caricatura do "espírito" das Luzes.

Não podemos falar do Iluminismo francês, contudo, sem nos referirmos ao abade de Condillac. Autor de várias obras, exerceu grande influência sobre os contemporâneos. Foi um adepto do "sensualismo" e sua obra principal é um *Ensaio sobre a Origem dos Conhecimentos Humanos* (1746). Seguem-se ainda o *Tratado dos Sistemas* (1749) e o *Tratado das Sensações* (1754).

* * *

O outro grande centro do Iluminismo na Europa foi a Grã-Bretanha. Seus nomes principais são os de Berkeley, Hume e Bentham. Mas, antes de nos voltarmos a eles, consideremos o chamado "deísmo" inglês.

Embora não tenha produzido nenhuma obra de grande envergadura ou de especial profundidade ou originalidade, o "deísmo" inglês exerceu grande influência sobre toda a Europa. Seus principais representantes são Toland, autor de um *Cristianismo não Misterioso*, e Tindal, que escreveu em 1730 *Cristandade tão Velha quanto a Criação*. Defendendo uma religião racional e uma ideia de divindade apoiada exclusivamente na razão, eles dão grande impulso à crítica da religião tradicional. São os primeiros a introduzir a ideia de uma "religião natural" que fará enorme número de seguidores em todos os países no século XVIII. O próprio Bayle, aliás, em cuja obra se encontra uma veemente crítica contra o fanatismo, pode ser considerado um deísta.

Mas a grande presença na Inglaterra das Luzes é a de Locke, o grande mestre inglês do século anterior. Sua filosofia empirista reinará soberana e influenciará Berkeley (1685-1753) e Hume (1711-1776), os dois grandes do século XVIII.

O primeiro parece, à primeira vista, dificilmente enquadrável dentro do emancipacionismo iluminista.

Sua obra aparece mais como uma tentativa de restauração. Como um esforço apologético. Pois não investe Berkeley veementemente contra o "materialismo"? A grande preocupação deste missionário que acabou bispo da Igreja anglicana e em sua última obra – *Siris* – mergulhou decididamente no misticismo, é, com efeito, a de preservar, no essencial, as teses tradicionais do espiritualismo religioso. Adotará para tanto, porém, uma tática filosófica original.

Servir-se-á do empirismo para atacar o materialismo. Como? Difícil é acompanhá-lo em toda a sutileza de sua argumentação. Resta-nos lembrar, a título de simples indicação documentária, o seu tema principal. É o famoso adágio *"ser é perceber"*, formulado em latim *esse est percipi*. Tudo se reduz à percepção: o ser é ou o percipiente ou o percebido. Além disso, além daquilo que percebemos, não existe nenhuma "substância" material. Corrigindo Descartes, que havia distinguido uma substância *extensa* de uma substância *pensante*, Berkeley fica apenas com esta última. Suas obras principais são: *Ensaios de uma Nova Teoria da Visão* e *Diálogos de Hilas e Filonous*. Escreveu ainda um *Tratado dos Princípios do Conhecimento Humano*, o *Analista* e *Alcifron*, além de *Siris*, já referida.

Há, porém, em Berkeley, um otimismo que está bem dentro do espírito iluminista. Para ele só há espíritos que percebem e coisas percebidas. Estas são apenas signos, a linguagem através da qual Deus se comunica com os espíritos humanos. O mundo é feito para os homens e é aquilo que, para utilidade nossa, Deus nos diz, como lembra um comentador. E Deus encaminha tudo para o nosso bem.

Mais estreitas são as relações de David Hume, nascido em Edimburgo, a capital da Escócia, com o núcleo central do Iluminismo. Tendo passado vários anos na França, Hume frequentou e tornou-se íntimo dos principais enciclopedistas, dentre os quais d'Alembert e Diderot. Já na Inglaterra, por outro lado, deu abrigo durante algum tempo a Jean-Jacques Rousseau que fugia da França, mas com o qual também acabou se desentendendo inevitavelmente.

Pela originalidade de suas teses e pela influência que exerceu sobre a filosofia posterior, sua obra tem, porém, um lugar à parte na história das ideias. Daí por que ele aqui comparece da maneira a mais alusiva.

Quanto à influência que exerceu basta lembrar o que Kant dizia dele. Que o despertara – a expressão era do próprio Kant – do seu sonho dogmático. É a sua recusa do dogmatismo e a sua denúncia dos limites do entendimento através de um aprofundamento do empirismo lockiano que abre o caminho para a tarefa de crítica da Razão que o filósofo alemão realizará nas três últimas décadas do século. Como funcionaria, vendo-o mais de perto, esse despertador antidogmático?

Aqui também eis-nos diante de uma obra variada. Hume é um filósofo precoce: por volta dos vinte e cinco anos redige o *Tratado da Natureza Humana* (publicado em 1739-1740), que depois renega, dizendo tratar-se de obra de juventude. Escreve ainda os seguintes ensaios filosóficos: *Ensaios Morais e Políticos, Investigação sobre o Entendimento, Investigação sobre os Princípios da Moral, Discursos Políticos*. Só postumamente será publicada aquela que é por muitos considerada sua obra-prima: *Diálogos sobre a Religião Natural*. Depois dessa incursão pela filosofia, volta-se para a história e transforma-se em um dos primeiros grandes historiadores da Inglaterra, redigindo numerosos volumes de uma *História da Inglaterra*.

Associacionismo e ceticismo: eis as etiquetas que os manuais costumam grudar ao lado do nome do escocês. Mas como não estamos aqui lidando com um rótulo de uísque, tentemos explicar um pouco essas etiquetas. Trata-se de uma psicologia, de uma teoria da alma humana e do seu funcionamento em que se fundamenta uma determinada ideia sobre o que vem a ser o conhecimento humano.

O "espírito" humano é constituído por átomos de impressões ou sensações a que chamamos comumente de "ideias". Ao lado destes "átomos" há as relações entre eles, as quais não são dadas na experiência. Como se dão? Fortalecida pelo "hábito" e estabelecida segundo um certo "princípio" inscrito na "natureza humana", a relação se fixa. Por exemplo: a partir dos sinais inscritos em um livro acredito que César venceu; ou ainda, ao ver o sol levantar-se, digo que se levantará amanhã. Estabeleço assim uma relação de "causalidade" entre uma ideia e outra. A causalidade, ao lado da "contiguidade", da "semelhança", são os princípios segundo os quais relaciono.

Ora, argumenta Hume, estes princípios de relação não estão dados na experiência. Por conseguinte, graças à causalidade ultrapasso a experiência. Infiro, creio que as coisas se passam de tal ou tal modo. Não se trata aí, por conseguinte, de uma certeza absoluta e aqui estamos a léguas de distância de Descartes, que exigia como ponto de partida para o conhecimento uma certeza absoluta. Quimera, pensa Hume. O máximo a que podemos chegar é a uma "crença". Racional, sem dúvida. Mas, crença. Na base de todo conhecimento acha-se, pois, uma crença. Eis aí a tese pela qual Hume ganhou o epíteto de cético, pai do ceticismo moderno, etc. Não podemos ter certeza de que as relações que fixamos sejam efetivamente existentes na realidade. Eis aí aberto o caminho para uma crítica das representações que levará até à revolução kantiana inscrita na *Crítica da Razão Pura*.

Do ponto de vista político a posição de Hume é liberal e conservadora. Hume não acredita no direito divino ou em leis naturais, eternas. O verdadeiro fundamento do governo é o hábito. "Um governo estabelecido tem uma vantagem infinita pela própria razão de que está estabelecido." Ele pouco se preocupa com o problema da origem das instituições que em Rousseau, como veremos, ocupará o centro da problemática. Por outro lado, o princípio supremo da política e da arte de governar os homens será o de utilidade.

Outros dois nomes importantes da época na Grã-Bretanha são os de Adam Smith (1723-1790) e o de Bentham (1748-1832). Ao primeiro devemos o balbuciar de uma nova ciência, a Economia Política, destinada a causar uma grande revolução teórica quando submetida à crítica de Karl Marx no século seguinte. Ao segundo está ligado o utilitarismo. Tanto um como o outro são liberais.

* * *

Nosso passeio pelo continente estaria incompleto se não mencionássemos as ramificações do Iluminismo na Alemanha. Sem aprofundarmos o pensamento dos seus principais representantes, limitemo-nos a evocá-los, embora correndo o risco de fornecer ao leitor algo como uma lista telefônica do século XVIII. Confiamos, porém, em que com ela não se contente e utilize-se, caso pretenda conhecê-los mais de perto, dos aparelhos mesmos de comunicação, no caso os textos por eles deixados.

Embora a Alemanha seja o país das "brumas", também lá há alguns faróis. Os principais são Wolff, Reimarus, Lessing e Herder. O primeiro exerceu muita influência sobre Kant durante a primeira fase de sua carreira e é um filósofo *racionalista* no estilo leibniziano. Reimarus é um apologista de uma religião *racional*. Também Lessing se volta para a religião e é um crítico *racionalista* da Bíblia, além de incursionar profundamente pela *estética*. Herder, por sua vez, deixou obra considerável como filósofo da História.

# O EVANGELHO DOS NOVOS TEMPOS

Bem, após esse longo percurso, chegamos ao mais difícil e complicado dentre todos os personagens de primeira grandeza do século XVIII. Como classificá-lo? Camaleonicamente, Jean-Jacques Rousseau escapa a todas as classificações. Iluminista ou não? Como chamar de "iluminista" alguém que passou boa parte da sua vida brigando raivosamente contra a pequena confraria dos entusiastas edificadores da *Enciclopédia*?

Em primeiro lugar, Rousseau diz-se sempre e repetidamente um "cristão". Não entra nessas histórias de "materialismo", "ateísmo". Não, nada disso. Para ele, calvinista como é de formação, há mesmo um Deus que rege o universo, senhor supremo tal como ensinam as páginas desse livro imortal que é a *Bíblia*.

Nada de mais distante, portanto, à primeira vista, da "vanguarda" iluminada. E, de fato, Rousseau afastou-se também pessoalmente, isolando-se completamente dos círculos de enciclopedistas que frequentara quando jovem, logo no início de sua tumultuada carreira, quando mal descobria ainda as complicações da grande cidade, Paris, que dominava então culturalmente o mundo inteiro.

Rousseau se interessou por muita coisa. Sua primeira e grande paixão, como ele mesmo relata em várias ocasiões na sua vasta obra, foi a *Música*, tal como ocorreu para muita gente neste século de Bach e de Mozart. Ele próprio tocava e compunha música. Chegou até mesmo a inventar um novo sistema de notação musical que apresentou a uma Academia de Ciências, uma das muitas instituições que pululavam na época, tendo sido rejeitado por ser por demais complicado. Daí também o porquê do convite dos enciclopedistas para que o jovem Jean-Jacques escrevesse os verbetes sobre "Música" da *Enciclopédia*.

Gradativamente sua vocação foi mudando e ele, pela força das circunstâncias, foi se convertendo em um escritor. E que escritor!!! Um escritor tão importante que logo surpreendeu a todos da geração com o seu primeiro escrito, intitulado: *Discurso sobre as Ciências e as Artes*, publicado em 1749. É a sua primeira grande obra, na qual já se acham em germe todos os elementos da sua bela doutrina.

Com esta obra ganhou o primeiro prêmio em um concurso da Academia de Dijon, na França. Nela defendia o ponto de vista de que as grandes invenções, as ciências, as artes e as letras, a cujo reflorescer se assistia na época, ao invés de melhorarem o *Homem*, o haviam, na realidade, deteriorado. Tese chocante especialmente para os enciclopedistas, que viam de repente esta ovelha desgarrada converter-se em um perigoso "traidor" da grande causa.

Rousseau voltou à carga, mais instrumentado e mais abalizado, em uma segunda obra, de título também famoso: *Discurso sobre a Origem da Desigualdade entre os Homens*. E, afinal, pergunta ele, como é esse negócio de "ricos" e "pobres", como é que é? Esta "desigualdade", para Rousseau, não é "natural", não decorre da *Natureza* – pois naquela época se falava assim – do próprio *Homem*. Ela decorre da história dos homens e das relações múltiplas que entre eles se estabeleceram e que provocaram, como produtos derivados, uma porção de males tais como: a miséria e a opulência, o poder de um lado e, de outro, os pobres desditados; os governantes, de um lado, e, de outro, os pobres governados. Tudo isso, dizia

Rousseau, tudo isso que vemos hoje em nossa frente, essas diferenças todas entre nobres, burgueses, camponeses, etc., não são nada naturais e precisam acabar. Sim, precisam acabar, pois é esta "desigualdade" a fonte absoluta e única de todos os males sociais dos homens.

E como acabar com elas? Rousseau tinha que prosseguir depois de ter levantado tão escabrosas interrogações. Nos dois *Discursos* atacava a "civilização", de um lado, e, de outro, a própria organização da sociedade atual. Ambas, para Rousseau, *degenerativas* para o homem.

Ele tinha que prosseguir e escreveu então duas obras de dimensões e intenções desiguais, mas absolutamente complementares. Trata-se de o *Do Contrato Social* e de *O Emílio*, ambas publicadas no mesmo ano de 1762. Data, portanto, decisiva.

Nestas duas obras Rousseau nos dá o essencial da sua resposta àquelas grandes interrogações referidas. E o faz em dois planos: a nível político e, digamos, a nível "pedagógico". Como fazer para eliminar os males da vida social e política dos homens dando-lhes uma nova base? A resposta é: "contrato social".

"Se, pois, – declara Rousseau no famoso capítulo VI do Livro I do *Du Contrat* – afastamos do pacto social o que não é da sua essência, encontraremos que se reduz aos termos seguintes. Cada um de nós coloca em comum sua pessoa e toda sua potência sob a *suprema direção da*

*vontade geral*; e recebemos em corpo cada membro como parte indivisível do todo." A partir deste instante, diz ele ainda, "no lugar da pessoa particular de cada contratante, este ato de associação produz um corpo moral e coletivo composto de tantos membros quantos a assembleia tem de votos, o qual recebe deste mesmo ato sua unidade, seu *eu* comum, sua vida e sua vontade. Esta pessoa pública que se forma assim pela união de todas as outras tomava outrora o nome de *Cidade* e toma agora o de República ou de corpo político". Por outras palavras: só serão soberanos e livres e, portanto, felizes – na medida em que isso nos é possível nesta nossa condição terrena – os homens que estabelecerem entre si um contrato de tal forma que as diferentes soberanias e liberdades que se juntam permaneçam indefinidamente livres e soberanas. Esta será a regra suprema para qualquer julgamento, para qualquer juízo sobre a política.

Em segundo lugar, no plano pedagógico. Mas aqui as coisas se complicam consideravelmente. E é então que Rousseau se põe a campo para redigir o seu imenso tratado sobre educação a que deu o nome de *Emílio*, o nome do próprio personagem central, ou seja, o educando. Nesta obra imensa, que o próprio Jean-Jacques considerava como seu feito mais notável, o autor nos mostra que diferentes etapas a educação do Homem deve seguir para que os indivíduos humanos se tornem cada

vez mais livres e soberanos, mais *autênticos* e *autônomos*.
A inspiração, como é fácil perceber, é a mesma que move
Rousseau no plano da política.

Liberdade e Soberania, mais do que "Liberdade e
Igualdade", são, então, as duas grandes noções centrais
dessa filosofia incompreendida. Muito incompreendida
e ao mesmo tempo convertida, durante a Revolução, em
verdadeiro evangelho dos novos tempos. E este seria todo
um outro capítulo a ser redigido, o das incompreensões
e, ao mesmo tempo, do êxito que cercaram a figura e a
obra deste personagem tão extraordinário. Ele próprio
tinha consciência e sofria amargamente com as incompreensões. Eis o que diz, por exemplo: "Escrevi sobre
diversos assuntos, mas sempre nos mesmos princípios:
sempre a mesma moral, a mesma crença, as mesmas
máximas e, se quiserem, as mesmas opiniões. No entanto,
foram formulados juízos opostos sobre meus livros, ou
antes, sobre o autor de meus livros; porque me julgaram
a partir das matérias de que tratei bem mais do que a
partir dos meus sentimentos. Depois do meu primeiro
*Discurso*, eu era um homem de paradoxos, que fazia um
jogo para si mesmo em provar o que não pensava; depois
de minha *Carta sobre a Música Francesa*, eu era o inimigo
declarado da nação; pouco faltou para que me tratassem
como conspirador; dir-se-ia que a sorte da monarquia
estava ligada à glória da Ópera; depois de meu *Discurso*

*sobre a Desigualdade*, eu era ateu e misantropo; depois da *Carta a d'Alembert*, eu era o defensor da moral cristã; depois da *Heloísa*, eu era terno e adocicado; agora sou um ímpio; logo mais serei um devoto".

Estas palavras Jean-Jacques escreve em carta dirigida ao arcebispo de Paris para protestar contra a proibição da impressão de suas obras no território francês e livrá-las das acusações que sobre elas pesavam no sentido de que promoviam a irreligiosidade e a descrença em todos os governos instituídos. Sim, é isso mesmo. Rousseau foi considerado um perigoso subversivo e teve que passar a sua vida toda fugindo. É por isso também que fazia datar o momento em que sua vida se transformara em um verdadeiro pesadelo e infortúnio, da sua dedicação à espinhosa carreira das letras que abraçara com tanto ardor e talento.

É, aliás, somente em nosso século que Rousseau começa a ser melhor compreendido. Foi somente agora, como ele previa, dizendo que escrevia para a posteridade, que este cidadão nascido em Genebra em 1712 mostrou--se em toda a plenitude da sua importância em vários domínios do saber e das artes, desde a literatura até à pedagogia e à política. Autor de um romance intitulado *A Nova Heloísa*, ele já fizera furor no seu próprio século XVIII junto às moçoilas românticas e gerou, com esta obra, toda uma sensibilidade peculiar que iria mais tarde ser batizada de "romantismo" e que teria grande desenvolvimento, depois do Iluminismo e no século seguinte, principalmente na literatura alemã. Goethe era um fanático admirador de Rousseau. Assim como também o poeta Hoelderlin.

O próprio Goethe, aliás, resume em uma fórmula famosa e lapidar o lugar de Rousseau nos tempos modernos. Comparando os dois grandes nomes do século, Voltaire, de um lado, e, de outro, Rousseau, diz Goethe: "Com Voltaire um mundo acaba; com Rousseau um mundo começa". Eis definida aí de maneira exemplar o papel e o significado último das obras destes dois "irmãos-inimigos", cujas cinzas se encontram depositadas no Panteon de Paris.

Voltaire detestava Rousseau. Sempre foi um leitor de má vontade em relação às obras de Rousseau. Fazia dele comentários jocosos e maldosos que magoavam profundamente o jovem Jean-Jacques, que o tivera, como todos os de sua geração, como o grande guia espiritual. Referindo-se ao *Discurso sobre a Desigualdade*, Voltaire dizia, por exemplo, mais ou menos o seguinte: esse "cidadão" aí está querendo que nós todos, homens civilizados, voltemos a andar de quatro patas. O que era sem dúvida uma leitura um tanto quanto apressada desta grande obra, considerada pelo antropólogo Lévi-Strauss como a primeira obra de "etnologia" de que se tem notícia na história. Para vocês verem como pode ser grande a incompreensão até mesmo entre dois não menos grandes *espíritos*.

Seria Rousseau iluminista, iluminado, iluminador? Não se sabe. O que se sabe de efetivo é que sua obra é mesmo muito complicada, com mil meandros e aparentes contradições insuperáveis. Ele parece desdizer em uma página o que disse na outra. Briga com todo mundo, como já dissemos, com os clérigos *católicos* de um lado e, de outro, com o partido adverso, o dos *philosophes*. Todo mundo o detesta, não é só Voltaire. Todos fazem dele uma imagem terrível e o fantasiam como a um verdadeiro monstro insociável a escrever paradoxos ininteligíveis.

Se não é possível dizer, assim, com segurança, que Rousseau é um iluminista, o que se pode dizer com absoluta segurança é que ele é um verdadeiro desmancha-prazeres da festa dos iluministas.

Seria um marxista-leninista *avant la lettre*? Não, em absoluto... Rousseau nada, nada teria a ver com esta espécie que lhe é bem posterior e tem um outro feitio, muito diferente na história do pensamento e da política. Rousseau é de outra espécie. É um filósofo cristão. Não, diria melhor, um cristão sincero. Alguém que acreditava muito sinceramente nos ensinamentos do Evangelho, um verdadeiro devoto, na realidade. Portanto, ele não conseguia acompanhar de jeito nenhum os seus confrades da *Enciclopédia* porque com eles não concordava basicamente: eram todos ou quase todos uns *materialistas e ateus*. Tinha, pois, logicamente, que romper, embora conservando com eles longínquos laços e acreditando na sua *Razão* histórica.

Apaixonado pelo Iluminismo, mas cristão sincero. Contradição insuperável? Não sei, não se sabe, ninguém sabe. Talvez não seja. Talvez seja até possível conciliar as duas coisas. Mas se Rousseau conseguiu ou não conciliá-las é outra questão. O fato é que esta contradição ele a viveu intensamente e sofreu em consequência dela. E o que sua obra faz nada mais é do que mostrar os efeitos deste dilaceramento, os sofrimentos por que passou um homem profunda e realmente perseguido em seu tempo e que, sob a ação do seu próprio temperamento esquizofrenizante, foi realmente conduzido, no final da vida, a uma profunda "paranoia". Em seus últimos anos ele saía pelas ruas de Paris, desvairado, distribuindo para pessoas indiferentes panfletos onde contava a história de seus infortúnios. Rousseau andava pelas ruas de Paris, as pessoas o olhavam, naquela altura ele era um personagem muito famoso.

Mas as pessoas não ligavam muito e todo mundo já começava a considerá-lo assim meio louco e até se divertiam com isto, o que ainda mais magoava a hipersensibilidade afetiva deste grande escritor assim pressionado pelas circunstâncias. Ele andava pelas ruas de Paris e distribuía panfletos, nos quais dizia: Olha, gente. Creiam em mim. Eu sou inocente. Eu não sou não este monstro de que vos falam. Eu sou um homem *INOCENTE!*

# OS REIS-FILÓSOFOS?

"Tudo o que desejo é que aqueles que seguram o leme do Estado sejam um pouco filósofos; tudo o que penso é que não saberão sê-lo demasiado." Nas duas sentenças complementares contidas neste parágrafo de autoria do já citado La Mettrie estão expostos ao mesmo tempo um dos grandes sonhos do século, como já vimos, e a consciência da sua dificuldade de concretização.

Alguns monarcas europeus tentaram encarnar o ideal sonhado nessa frase. A esta tentativa, onde as boas intenções talvez tenham primado definitivamente sobre as realizações efetivas, os historiadores do século XIX batizaram com o nome de "despotismo esclarecido". Na ação político-administrativa destes "déspotas esclarecidos" seria possível, à primeira vista, ver a aplicação prática, em termos políticos, da grande aspiração própria do Iluminismo e de acordo com a qual a Razão humana, apossando-se do poder político, estaria em condições de conduzir o homem à plena realização do seu destino.

De todos os "déspotas esclarecidos", o mais representativo é, sem dúvida, o célebre Frederico II (1712-1786) da Prússia. Também conhecido como Frederico, o *Grande*. Expressão perfeita do rei-filósofo, já que, além da sua atividade como governante, legou-nos uma curiosa e não destituída de importância obra *teórico-filosófica*. Se a sabedoria governou ou não efetivamente por seu intermédio é o que ainda até hoje se discute. O que é inegável é o extraordinário prestígio de Frederico junto aos filósofos e homens de letras da época.

Exprimindo certamente um ponto de vista geral, dele disse, por exemplo, d'Alembert, uma vez: "Os filósofos e os homens de letras de todas as nações vos consideram há muito tempo, Majestade, como o seu chefe e o seu *modelo*". Também Emmanuel Kant, em um texto de 1789, dos mais importantes para a compreensão da época, declara que o século XVIII poderia ser chamado de *Século das Luzes* ou *século de Frederico*, assim como Voltaire designara o século anterior como o século de *Luiz XIV*. Qual a razão ou as razões de tão grande admiração?

Certo, Frederico não é um rei como outro qualquer. É um rei que pensa. Rei-filósofo, já que é um rei que, além de rei, filosofa, caso raro na história. Que se interessa pelo *debate de ideias*. Que incentiva e protege as artes. Para a sua corte convergem filósofos em desespero, literatos caídos em desgraça e artistas miseráveis. Ele é amigo pessoal e correspondente de Voltaire. É amigo mais ainda de d'Alembert e também de Diderot. Pela sua obra escrita, aliás, apesar da moderação de sua visão política, pode ser perfeitamente enquadrado no *espírito do tempo*.

Além de uma volumosa correspondência, Frederico escreveu em francês, língua que ele dominava, as seguintes obras mais importantes: *Anti-Machiavel* (1740). Como o próprio título indica, eis-nos diante de uma tentativa de refutação dos princípios da *real-politik* expostos em *O Príncipe*, de Maquiavel, alguns séculos antes. Um monarca pondo-se a defender a *Moral* contra os imperativos da razão de Estado? Eis aí um dos *paradoxos da época* mais paradoxal do que todos os paradoxos de Rousseau.

Outras obras: *História do Meu Tempo* (1746), *Testamento Político* (1752), *Ensaio sobre as Formas de Governo e sobre os Deveres dos Soberanos* (1781).

Mas a aspiração do Iluminismo não era simplesmente a de que os reis e os monarcas se pusessem a escrever tratados de filosofia. E sim que a praticassem. Que a sabedoria, a razão governassem de fato por seu intermédio, ainda que durante toda a sua vida não escrevessem uma só linha de filosofia. Se Frederico é objeto de admiração é pelo fato de que decide efetivamente, tomando como *modelo Luís XIV*, pôr o poder de Estado a serviço do bem-estar geral. Quais são as suas principais realizações?

Além da proteção e do incentivo que dedica às letras, às artes e às ciências, internamente Frederico é um agente "modernizador" para as regiões atrasadas da Prússia. Tendo reinado durante quarenta e seis anos, o velho Fritz se pôs principalmente a serviço do desenvolvimento econômico. Berlim, a capital do Estado prussiano, de quase vilarejo converte-se em grande cidade. A Alemanha naquele momento histórico não é uma nação unificada e a Prússia é uma das suas regiões principais e autônomas. Seu atraso, mesmo em termos do século XVIII, e comparativamente à situação da França e da Grã-Bretanha, os dois grandes países europeus que se acham à frente de todo o processo, é dos maiores. O mesmo acontece com a Europa Central e Oriental. Ou seja, o mesmo acontece com a Áustria, nação pertencente ao então inteiramente decadente Sacro Império Romano-Germânico, que também se encontra em grande atraso. O mesmo acontece com a Rússia de então, o imenso império dos tzares perdido na longínqua periferia oriental do centro parisiense.

Tanto na Áustria como na Rússia surgirão, assim, fenômenos parecidos e análogos ao fenômeno ocorrido na Prússia com o grande Frederico II. Na Áustria veremos aparecer o Imperador José I, também apaixonado cultor das ideias novas, admirador dos filósofos parisienses e também inspirado nos mesmos modelos que Frederico. José I também funcionou na Áustria como um agente "modernizador". Ou, pelo menos, tentou fazê-lo, buscando introduzir no país reformas que de alguma maneira modificassem o exagerado estado de atraso "medieval" em que se encontravam as populações sob o seu reinado. Importante, por exemplo, foi sua política religiosa, que se caracterizou por uma grande tolerância para com todas as religiões. Tratava-se de um monarca católico, vejam bem. Monarca católico, pois, que aderiu com fervor ao grande dogma da tolerância para com todas as religiões, tão apaixonadamente defendido por Voltaire nas suas famosas *Cartas Inglesas* já citadas.

Na Rússia, região das mais atrasadas, imenso domínio feudal em que os servos sofriam ainda as maiores vexações por parte dos seus poderosos senhores, registrou-se um fenômeno análogo. Surge na Rússia uma grande imperatriz, Catarina II (reinou de 1762 a 1796). Ela é uma leitora apaixonada de Voltaire, de Montesquieu, dos enciclopedistas e, como já vimos, ajudou Diderot em um difícil momento de sua vida. Conserva numerosos correspondentes em Paris, especialmente Madame de Geoffrin, Voltaire e o próprio Diderot.

Catarina desempenhou também um papel análogo ao de Frederico. Funcionou igualmente como agente modernizador. Nas "diretrizes" que enviou a uma Assembleia de deputados em 1767, Catarina copiou em grande parte *O Espírito das Leis* de Montesquieu. A intervenção do Estado, presidido por Catarina, produziu, por outro lado, grandes transformações no país, produzindo, por exemplo, a edificação de um grande parque industrial de minas e metalurgia de ferro e cobre na imensa região dos montes Urais.

Todo este comportamento político próprio a estes monarcas "ilustrados" tinha, assim, bons elementos para seduzir definitivamente os nossos filósofos muitas vezes incompreendidos e até perseguidos, como vimos, em seus próprios países natais. Mas os filósofos e homens de letras que mais se interessaram em estudar e até mesmo forjar a ideologia do "despotismo esclarecido" foram, no século XVIII, os pensadores da corrente que ficou conhecida como a dos "fisiocratas" Os principais representantes desta corrente são: Quesnay, autor de um tratado *Do Direito Natural* que é publicado em 1765; o marquês de Mirabeau, autor de *Filosofia Rural* (1763); Mercier de La Rivière, autor de *Ordem Natural e Essencial das Sociedades Políticas*; Le Trosne, autor de *O Interesse Social* (1777); Dupont de Nemours e Turgot, que foi ministro de Luís XVI e, como Quesnay, colaborou na

*Enciclopédia*, como já foi lembrado anteriormente. Os fisiocratas colocavam a terra como principal fonte de riqueza e produção. A agricultura era, para eles, o grande instrumento civilizatório.

Mesmo para estes seus admiradores a compreensão do fenômeno que posteriormente se designou por "despotismo esclarecido" era, porém, bastante difícil. Que dirá para nós? Até hoje discute-se a respeito das verdadeiras implicações do fenômeno. Por exemplo: pode-se perguntar se haveria mesmo, afinal, uma diferença assim tão grande entre a atuação dos chamados "déspotas esclarecidos" e a dos outros monarcas – o da França, por exemplo – que passaram para a história como representantes do velho absolutismo. Quais seriam estas diferenças?

Teria sido, por outro lado, tão modernizadora assim a ação do próprio Frederico? O primeiro historiador a questionar esta obra modernizadora foi Alexis de Tocqueville no século seguinte, em seu livro *O Antigo Regime e a Revolução*. Nesta obra Tocqueville mostra como o próprio *Código* de Frederico, preparado por ele e promulgado por seu sucessor, continha dispositivos inteiramente retrógrados tais como, por exemplo, os de que os "servos" não poderiam nem mudar de profissão e nem casar-se sem a anuência de seu senhor. O próprio Frederico era, pois, ambíguo e moderado nas suas opções políticas e sociais. Como julgar, afinal, a obra de todos estes curiosos monarcas?

As questões permanecem e não estamos aqui evidentemente para respondê-las. Qual teria sido o verdadeiro papel destes "soberanos", dos quais, aliás, o representante em Portugal é o marquês de Pombal? O fato é que os sonhos filosóficos, de um lado, e, de outro, as realidades concretas do século XVIII eram tão distantes e díspares que, afinal, a efetivação ainda que aproximada destes ideais e destes sonhos ficaria rejeitada indefinidamente para as calendas. Que diríamos, então, se confrontássemos os sonhos destes grandes filósofos com as duras realidades que se seguiram depois da Revolução Francesa, que prometia libertar a todos os homens de todos os seus odiosos laços de dependência?

# A EMANCIPAÇÃO DIFÍCIL

Se confrontássemos, com efeito, os grandes anseios libertários dos filósofos da "Luzes" com as consequências da Revolução Francesa e com o destino que tomou nas mãos daqueles que se quiseram seus pósteros, ficaríamos estupidamente decepcionados. Um novo reino, uma nova ordem, ainda mais cruel que a anterior, surgiu das entranhas desta Revolução.

Uma nova classe, a burguesia, tomou o poder. Mas terá ela sido fiel ao espírito do Iluminismo? Terá ela compreendido bem os filósofos que tanto deveria venerar, pois afinal tanto a ajudaram na sua difícil gestação? Acreditamos que não.

Se quisermos mais uma vez recolocar nossas questões para melhor esclarecê-las, vamos recorrer ao grande filósofo Emmanuel Kant. Este extraordinário filósofo, este pensador notável, cuja obra representa uma verdadeira reviravolta filosófica, preparada, aliás, pelo Iluminismo, em um texto absolutamente genial, intitulado "O que é a *Aufklärung?*" palavra alemã que, como já dissemos, corresponde a "Iluminismo" – define melhor do que ninguém o significado filosófico, político, espiritual, religioso, cultural e histórico do Iluminismo. Diz ele: a grande divisa do Iluminismo é: *SAPERE AUDE.* Ou seja, traduzindo do latim: Ousai saber!!!!

Este filósofo que ultrapassou o Iluminismo foi, no entanto, neste opúsculo, o melhor intérprete do seu "espírito". Vejam só, a título de simples exemplo, o que ele nos diz logo de cara: "O que são as Luzes? *A saída do homem de sua minoridade pela qual ele próprio é responsável. Minoridade*, isto é, incapacidade de se servir de seu entendimento sem a direção de outrem, minoridade *pela qual ele é responsável*, uma vez que a causa reside não em um defeito do entendimento, mas numa falta de decisão e coragem em se servir dele sem a direção de outrem. *Sapere aude!* Tem a coragem de te servir de teu próprio entendimento. Eis a divisa das Luzes".

O que mais dizer depois disto?

A posição kantiana era bastante "otimista", pois Kant, afinal, é um "homem" do século XVIII. Irresistivelmente atraído pela Revolução Francesa, de um lado, mas também um apaixonado de Frederico, como já dissemos. Vejamos, por exemplo, o que ele nos diz ainda neste incrível panfleto:

"Se agora perguntam-nos: 'Vivemos atualmente em um século *esclarecido*' (*aufklärer*)?, eis a resposta: 'Não, mas sim em um século *em marcha* para as *Luzes*'. Muito ainda falta, neste ponto em que estão as coisas, para que os humanos, considerados no seu conjunto, estejam neste estado, ou possam aí ser colocados, de utilizar com mestria e proveito seu próprio entendimento, sem o socorro de outrem, nas coisas da religião.

"Todavia, que tenham agora o campo livre para aí se exercer livremente e que se tornem insensivelmente menos numerosos os obstáculos que se opunham ao advento de uma era geral das Luzes e à saída deste estado de minoridade de que os homens são eles próprios responsáveis, é pois de que temos indícios certos. Deste ponto de vista, este século é o século das Luzes, ou século de Frederico."

Pois bem, este século de Frederico, como assim agora o batizamos, nas pegadas do nosso mestre Emmanuel Kant, acha-se em "marcha para as Luzes". Ali, ao lado de Frederico e pouco depois, terá lugar um acontecimento de extraordinárias consequências, mas de *cruentos* caminhos, caminhos que aterrorizariam Hegel no século seguinte. Acontecia, na altura em que Kant escrevia (1789), a chamada "Revolução Francesa".

Vimos como as Luzes marcharam antes da grande Revolução. E, assim, talvez possamos aprender um pouco a respeito desta grandiosa Revolução que abalou de maneira inapelável e definitiva as estruturas do Antigo Regime.

Ouçamos outros mestres mais competentes do que nós. Vejamos, por exemplo, o que nos diz Alexis de Tocqueville a propósito do Antigo Regime e, por conseguinte, também do Iluminismo. Diz ele: "À medida que progredia neste estudo, admirava-me ao rever em todos os momentos da França dessa época muitos dos traços que impressionam na França de hoje. Reencontrava um sem-número de sentimentos que pensava nascidos da Revolução, um sem-número de ideias que até então pensava oriundas exclusivamente dela, mil hábitos que só a ela são atribuídos e por toda a parte encontrava as raízes da sociedade atual profundamente implantadas nesse velho solo. Quanto mais me aproximava de 1789, percebia mais distintamente o espírito que fez a Revolução formar- se, nascer e crescer. Via eu pouco a pouco des- vendar-se diante de meus olhos toda a fisionomia dessa Revolução. Já anunciava seu temperamento, seu gênio:

era ela própria". Este autor, Alexis de Tocqueville, é realmente um mestre a ser furiosamente devorado.

Mas, voltando a Kant, não é aqui o lugar para procedermos a uma análise detalhada deste pequeno e fascinante opúsculo "O que são as Luzes". Tentemos apenas confrontar o sonho e a utopia que estão nele presentes com a dura e triste realidade da sua história posterior. A posição kantiana era bastante otimista, como vimos. Temos nós razões para sermos tão "otimistas" assim?

Diferente é a relação que uma classe mantém com o universo das ideias e a vida quando se encontra no seu período "revolucionário" e quando se encontra no poder implantada. Bem diferente torna-se então seu discurso, sua fala. Quando no poder, a classe burguesa tenta mudar de discurso, tenta mudar de conversa e busca por todos os meios acobertar a origem do seu poder.

Seriam os iluministas, eles mesmos, fiéis ao espírito do Iluminismo?

*Ousar saber*: parece um milagre até que essa reivindicação tenha aparecido na época e tenha sido levantada heroicamente por um punhado de terríveis literatos políticos. Depois o capitalismo quis se somar a seus sonhos e deles se apoderou, acabando por destroçá-los de maneira impiedosa.

Todos nós sabemos desta realidade engendrada pelo capitalismo nosso de cada dia. Miséria e opulência aí continuam lado a lado, igualzinho à época do Rousseau. Nada mudou. Continua a haver pobres de um lado e ricaços do outro. Os homens são realmente "livres" e "emancipados" hoje? Qualquer bobo sabe que não. O pobre do Jean-Jacques nem poderia imaginar como se amplificariam de maneira tão extraordinária as desigualdades que ele denunciava já na sua época. O pobre Voltaire, por outro lado, teria dificuldade em identificar hoje um "espírito livre", se é que efetivamente existe gente dessa espécie em alguma parte do mundo.

Considerando agora só o destino pessoal destes nossos heróis, vemos facilmente como foram injustiçados pela posteridade. Durante sua vida foram homens célebres, ricos e famosos. Voltaire era um homem riquíssimo, um grande e abastado burguês. Rousseau era um homem célebre. Um homem tão célebre que numa certa altura era cercado pela devoção e admiração geral. Porque ele escreveu no *Emílio* que as mães deviam amamentar os seus filhos com seu próprio leite, depois do grande sucesso do livro várias mães saíam em público amamentando. Até as damas da corte iam com seus bebês para os teatros, para a Ópera e ternamente, durante o intervalo do espetáculo, punham seus seios para fora e amamentavam os seus lindos bebês.

Foram, posteriormente, glorificados, mas sua *utopia*, que buscamos traçar em leves pinceladas, anda cada vez

*O pobre Voltaire, por outro lado, teria dificuldade de identificar hoje um "espírito livre", se é que efetivamente existe gente dessa espécie em alguma parte do mundo.*

mais utópica. Quem é que *ousa saber* hoje em dia? Não resta a menor dúvida, pois, de que os grandes sonhos destes homens – otimistas burgueses ou liberais aristocratas – sofreram e continuam sofrendo brutais desmentidos se consideramos a atuação daqueles que seriam os seus herdeiros oficiais ou a história da dominação de uma classe que eles ajudaram a parir. A posteridade se encarregou de derrubar este castelo de cartas edificado com muito suor, labor e lágrimas pelos heróis do século XVIII.

Mas não importa, afinal, que os nossos *reis e virtudes*, como no livro *Alice no País das Maravilhas*, continuem sendo hoje e tomem-se cada vez mais "reis" e "virtudes" apenas de baralho. Continuarão sempre, ao menos, à nossa disposição como perenes fontes de inspiração.

Ou será, como diria um *nouveau philosophe*, desses do nosso século mesmo, que não estaria nos sonhos de dominação racional dos homens do Iluminismo já presente o germe nefando do totalitarismo?

Talvez. Ou ainda: não seria a própria formulação deste ideal emancipatório, sob a égide de uma Razão dominadora, uma nova mitologia ilusória e perigosa trazendo necessariamente em seu bojo consequências desastrosas?

Seja como for, estas cartas de baralho merecem de maneira absoluta nossa atenção especial, pois com elas forja-se a "civilização" dentro da qual nos achamos mergulhados. Distribuir e desembaralhar um pouco essas cartas. Foi este o nosso propósito, única e simplesmente. E não é talvez inútil que o leitor tenha estas cartas desembaralhadas, pois que lhe servirão certamente de muito. Todo este despretensioso percurso histórico terá sido proveitoso, nestas condições, se conseguirmos ajudar um pouco o leitor na sua luta quotidiana atual e possamos vir a orientar melhor as nossas tomadas de posição diárias.

Façam os seus jogos, senhores!

# INDICAÇÕES PARA LEITURA

Além dos "clássicos" de cada grande nome do século XVIII tomados separadamente e já citados no corpo do nosso trabalho, podemos fornecer ao leitor as seguintes indicações sumárias de leitura que o ajudariam a melhor compreender o nosso tema.

Não podemos deixar de citar em primeiro lugar o livro de Ernst Cassirer, *Filosofia da Ilustração*, do qual aliás já transcrevemos algumas passagens. Outra obra interessante é um pequeno livro intitulado *O Iluminismo*, do qual existe tradução para o português. O nome do autor é o seguinte: Norman Hampson. O livro foi editado pela Editora lisboeta Ulisseia em 1973. Este autor retrata em algumas páginas o tema candente do "despotismo esclarecido".

Citemos ainda um outro livrinho em português da coleção de "História das Ideias Políticas". Trata- se do volume dedicado ao século XVIII. Aí também encontraremos indicações sobre o tema do "despotismo esclarecido".

Sobre o movimento geral das ideias no século XVIII existe um importante estudo de Roland Desné, também em tradução para o português. Faz parte do volume 4 da coleção de "História da Filosofia" dirigida por François Chatelet e intitulado *O Iluminismo.* O capítulo de Roland Desné intitula-se "A Filosofia Francesa no Século XVIII". O livro foi editado por Zahar Editores, Rio de Janeiro, em 1974.

Existem ainda em português, na coleção "Os Pensadores", da Editora Abril, boas edições de *O Espírito das Leis,* de Montesquieu, além de várias obras de Voltaire, entre as quais as *Cartas Inglesas* e também o volume dedicado a Jean-Jacques Rousseau, contendo traduções do *Do Contrato Social,* do *Discurso sobre as Ciências e as Artes* e do *Discurso sobre a Origem e os Fundamentos da Desigualdade entre os Homens.*

Já citamos anteriormente e não podemos deixar de indicar como leitura obrigatória o livro de Alexis de Tocqueville intitulado *O Antigo Regime e a Revolução.* Existe edição em português da Editora da Universidade de Brasília, em tradução de Ivonne Jean da Fonseca; volume 10 da coleção "Pensamentos Políticos", da Editora da Universidade de Brasília.

Gostaríamos também de citar um outro livro importante do qual não há tradução em português, mas que é hoje um verdadeiro "clássico". Trata-se do livro *A Europa das Luzes* de Pierre Chaunu. Editado em 1971 em Paris pela Editora Arthaud.

Em português encontramos ainda um belo comentário em torno do tema de Rubens Rodrigues Torres Filho, intitulado "Cinismo Ilustrado" e publicado em *Almanaque*, 4, revista editada pela Brasiliense, em 1977.

Se o leitor pretendesse aprofundar algum dia o assunto tornar-se-ia evidentemente obrigatória a leitura do pequeno opúsculo kantiano já referido – "O que são as Luzes?" – do qual, ainda, não existe infelizmente tradução em português.

# Sobre o Autor

Luiz Roberto Salinas Fortes foi professor de História da Filosofia da Faculdade de Filosofia, Ciência e Letras da USP. Defendeu tese sobre Filosofia Política e traduziu várias obras entre as quais destacam-se *A Imaginação*, de Jean Paul Sartre e *As Formas da História*, de Claude Lefort.

Publicou o livro *Rosseau: da Teoria à Prática* e o romance *Retrato Calado* (Editora Marco Zero).

Salinas faleceu em 1987.